香海文化

身心的安住

星雲法語③

星雲大師 著

星雲法語

目錄

第3冊 身心的安住——廣學

卷二 心的管理

卷三 如何日日增上

總序

十把鑰匙

「星雲法語」是我在台灣電視、中國電視、中華電視三十年前的「三台時代」，為這三家電視台所錄影的節目。後來在《人間福報》我繼「迷悟之間」專欄之後，把當初在三台講述的內容，再加以增補整理，也整整以三年的時間，在《人間福報》平面媒體與讀者見面。

因為我經年累月雲水行腳，在各國的佛光會弘法、講說，斷斷續續撰寫「星雲法語」，偶有重複，已不復完全記憶。好在我的書記室弟子們，如：滿義、滿觀、妙廣、妙有、如超等俄而提醒我，《人間福報》的存稿快要告罄了，由於我每天都能撰寫十幾則，因此，只要給我三、五天的時間，我就可以再供應他們二、三個月了。

像這類的短文，是我應大家的需要在各大報刊、雜誌上刊登，以及我為徒弟編印的一些講義，累積的總數，已不下二千萬字了。「星雲法語」，應該說是與「迷悟之間」、「人間萬事」同一性質的短文，都因《人間福報》而撰寫。承蒙讀者鼓勵，不少人希望結集成書，香海文化執行長蔡孟樺小姐將這些文章收錄編輯，文字也近百餘萬言，共有十集，分別為：一、精進；二、正信；三、廣學；四、智慧；五、自覺；六、正見；七、真理；八、禪心；九、利他；十、慈悲。

這套書在《人間福報》發表的時候，每篇以四點、六點，甚至八點闡述各種意見，便於記憶，也便於講說，有學校取之作為教材。尤其我的弟子、學生在各處弘法，用它做為講義，都說是得心應手。

承蒙民視電視台也曾經邀我再比照法語的體裁，為他們多次錄影，並且要給我酬勞。其實，只要有關弘法度眾，我都樂於結緣，所以與台灣的四家無線電視台都有因緣關係。而究竟「星雲法語」有多大的影響力，就非我所敢聞問了。

「迷悟之間」除了香海文化將它印行單行本之外，後來又在北京發行簡體字版，「人間萬事」則尚在《人間福報》發表中。現在「星雲法語」即將發行出版全集，略述因緣如上。

承蒙知名學者李家同教授、洪蘭教授、台中胡志強市長、大塊集團郝明義董事長，以及善女人辜懷箴居士，為此套書寫序，一併在此致謝。

是為序。

二〇〇七年九月一日 於佛光山開山寮

推薦序一

宗教情懷滿人間

星雲大師的最新著作《星雲法語》十冊套書，香海文化把部分的文稿寄給我，邀我為序。八月溽暑期間，我自身事務有些忙碌；但讀著文稿裡星雲大師的話，卻能感覺到歡喜清涼。

《星雲法語》裡面有一篇我很喜歡。

> 要有開闊包容的心胸、要有服務度生的悲願、要有德學兼具的才華、要有涵養謙讓的美德。——〈現代青年〉

多年來我從事教育工作，希望走出狹義的菁英校園空間，真正幫忙各階層弱勢學生。看著莘莘學子，我想我和星雲大師的想法很接近吧，就是教育一定要在每個角落中落實，要讓最弱勢的學生，能個個感受到不被忽略、不受到城鄉資源差別待遇。

青年教育的目的，不就是教育工作者，希望能教養學生，成為氣度恢弘的國民？

為勉勵青年，星雲大師寫下「青年有強健的體魄，應該發心多做事，多學習，時時刻刻志在服務大眾，念在普度眾生，願在普濟社會。」

星雲大師的話，讓我想起聖經裡的金句。

「有了信心，又要加上德行；有了德行，又要加上知識；有了知識，又要加上節制；有了節制，又要加上忍耐；有了忍耐，又要加上虔敬；有了虔敬，又要加上愛弟兄的心；有了愛弟兄的心，又要加上愛眾人的心。」——〈彼得後書・第一章〉

宗教情懷，就是超越一切的普濟精神。人間的苦難，如果宗教精神無以救濟，那麼信仰宗教毫無意義。不論是佛陀精神，或是基督精神，以慈愛的心處世，我想原則上沒有什麼不同。尤其是青年人，更應細細體會助人愛人的真諦，在未來三十、五十年，起著社會中堅的作用。這樣，我們現在辦的教育，才真正能教養出「德學兼具」的青年，讓良善能延續，社會上充滿不汲汲於名利，助人愛人的和諧氣氛。

香海文化即將出版的《星雲法語》，收錄了精采法語共計一〇八〇篇，每一篇均意味深長，適合所有人用以省視自己，展望未來。「現代修行風」不分基督佛陀，親切的聖人教誨，相信普羅大眾都很容易心領神會。

如今出版在即，特為之序。

（本文作者為國立暨南大學教授）

推薦序二

安心與開心

洪蘭

在亂世，宗教是人心靈的慰藉，原有的社會制度瓦解了，一切都無法制、無規章，人民有冤無處伸，只有訴諸神明，歸諸天意，以求得心理的平衡。所以在東晉南北朝時，宗教盛行，士大夫清談，把希望寄托在另一個世界。歷史證明那是不對的，這是一種逃避，它的結果是亡國，智者知道對現實的不滿應該從改正不當措施做起，眾志可以成城，人應該積極去面對生命而不是消極去寄望來生。星雲大師就是一個積極入世的大師，他在國內外興學，風塵僕僕到處弘法，用他的智慧來開導世人，他鼓勵信徒從自身做起，莫以善小而不為，當每個人都變好時，這個社會自然就好了。這本書就是星雲大師的話語集結成冊，印出來嘉惠世人。

人在受挫折，有煩惱時，常自問：人生有什麼意義，活著幹什麼？大師說，人生的意義在創造互惠共生的機會，這個世界有因你存在而與過去不同嗎？科學家特別注重創造，就是因為創造是沒有你就沒有這個東西，沒有莫札特就沒有莫札特的音樂，沒有畢加索，就沒有畢加索的畫，創造比發現、發明的層次高了很多，人到這個世界上就是要創造一個雙贏的局面，不但為己，也要為人。英文諺語有一句：Success is when you add the value to yourself. Significance is when you add the value to others. 只有對別人也有利時，你的成功才是成功。所以大師說，生命在事業中，不在歲月上；在思想中，不在氣息上；在感覺中，不在時間上；在內涵中，不在表相上。這是我所看到談生命的意義最透徹的一句話。

挫折和災難常被當作上天的懲罰，是命運的錯誤；其實挫折和災難本來就是人生的一部分，不經過挫折我們不會珍惜平順的日子，沒有災難不會珍惜生命。人是動物，是大自然中的一分子，不管怎麼聰明、有智慧，還是必須遵行自然界的法則，所以有生必有死，完全沒有例外，但是人常常參不透這個道理，歷史上秦始皇、漢武帝這種雄才大略的人也看不到這點，所以為了求長生不老，倒行逆施，壞了國家的根基，反而是修身養性的讀書人看穿了這點。宋、李清照說「今手澤如新而墓木已拱，乃知有有必有無，有聚必有散，亦理之常，又胡足道」。看透這點，一個人的人生會不一樣，既然帶不走，就不必去收集，應該想辦法去用有限的生命去做出無限的功業。

一個入世的宗教，它給予人希望，知道從自身做起，不去計較別人做了什麼，只要有做，世界就會改變。最近有法師用整理回收物的方式帶信徒修行，他不要信徒捐獻金錢，但要他們捐獻時間去回收站作義工，從行動中修行。我看了這個報導真是非常高興，因為研究者發現動作會引發大腦中多巴胺（dopamine）這個神經傳導物質的分泌，而多巴胺跟正向情緒有關，運動完的人心情都很好，一個跳舞的人即使在初跳時，臉是繃著的，跳到最後臉一定是笑的。所以星雲大師勸信徒，從動手實做中去修行是最有效的修行，對自己對

馮儀繪（局部）

社會都有益。

在本書中，大師說生活要求安心，心安才能體會人生的美妙，才聽得到鳥語、聞得到花香，所以修行第一要做到心安，既然人是群居的動物，必須要和別人往來，因此大師教導我們做人的道理，列舉了人生必備的十把鑰匙，書的最後兩冊是要大家打開心胸，利他與慈悲，與一句英諺：you can give without loving, you can never love without give. 相呼應。不論古今中外，智者都看到施比受更有福。

希望這套書能在目前的亂世中為大家浮躁的心靈注入一股清泉，人生只要心安，利人利己的過生活，在家出家都一樣在積功德了。

（本文作者為國立陽明大學神經科學研究所教授）

推薦序三

法鑰匙神奇的佛

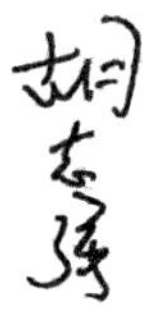

星雲大師，是我一直非常尊敬與佩服的長者。

長久以來，星雲大師所領導主持的佛光山寺與國際佛光會，聞聲救苦，無遠弗屆，為全球華人帶來無盡的希望與愛。

大師的慈悲智慧與宗教情懷，讓許多人在徬徨無依時，找到心靈的依歸。另一方面，我覺得大師瀟灑豁達、博學多聞，無論是或不是佛教徒，都能從他的思想與觀念上，獲得啟迪。

星雲大師近期即將出版的《星雲法語》，收錄了大師一〇八〇篇的法語，字字珠璣，篇篇雋永。

我很喜歡這套書以「現代佛法修行風」為訴求，結合佛法與現代人的生活，深入淺出地闡釋。尤其富創意的是，以十冊「法語」打造了十把「佛法鑰匙」，打開讀者心靈的大門，帶領我們從不一樣的角度，去發現與體會生活中的點點滴滴。

以〈旅遊的意義〉這篇文章為例：

「……就像到美國玩過，美國即在我心裡；到過歐洲渡假，歐洲也在我心裡，遊歷的地區愈豐富，就愈能開闊我們的心靈視野。

當我們從事旅遊活動時，除了得到身心的舒解，心情的愉悅之外，還要進一步獲得寶貴的知識。除了外在的景點外，還可以增加一些內涵，做一趟歷史文化探索之旅，看出文化的價值，看出歷史的意義。

比方這個建築是三千年前，它歷經什麼樣的朝代，對這些歷史文化能進一步賞析後，那我們的生命就跟它連接了。……」

「我們的生命就跟它連接了」這句話，讓我印象十分深刻，生動描述了「讀萬卷書，行萬里路」，正是一種跨越時空的心靈宴饗。

在〈快樂的生活〉一文中，大師指點迷津。他說：

「名和利，得者怕失落，失者勤追求，真是心上一塊石頭，患得患失，耿耿於懷，生活怎麼能自在？」

因此「身心要能健康，名利要能放下，是非要能明白，人我要能融和。」

在〈歡喜滿人間〉這篇文章，大師指出：

人有很多心理的毛病，例如憂愁、悲苦、傷心、失意等。佛經形容人身難得如「盲龜浮木」，一個人在世間上一年一年的過去，如果活得不歡喜，沒有意義，那又有什麼意思？如何過得歡喜、過得有意義？

他提出幾點建議：「要本著歡喜心做事、要本著歡喜心做人、要本著歡喜心處境、要本著歡喜心用心、要本著歡喜心利世、要本著歡喜心修行。」

看到此處，我除了一邊檢視自己在日常生活中做到了多少？另方面，也希望把「歡喜心」的觀念告訴市府同仁，期許大家在服務市民時認真盡責之外，還能讓民眾體會到我們由衷而發的「歡喜心」。

而〈傳家之寶〉一篇中所提到的觀點，也讓為人父母者心有戚戚焉。

大師說：一般父母，總想留下房屋田產、金銀財富、奇珍寶物給子女，當作是傳家之寶；但是也有人不留財物，而留書籍給予子女，或是著作「家法」、「庭訓」，作為家風相傳的依據。乃至禪門也有謂「衣鉢相傳」，以傳衣鉢，作為叢林師徒道風相傳的象徵。

他認為「傳家之寶」有幾種：包括寶物、道德、善念與信仰。到了現代，書香、善念、道德、信仰更可以代替錢財的傳承，把宗教信仰傳承給子弟，把善念道德傳給兒孫，把教育知識傳給後代。

「人不能沒有信仰，沒有信仰，心中就沒有力量。信仰宗教，如天主教、基督教、佛教等等，固然可以選擇，但信仰也不一定指宗教而已，像政治上，你歡喜那一個黨、那一個派、那一種主義，這也是一種信仰；甚至在學校念書，選擇那一門功課，只要對它歡喜，這就是一種信仰。有信仰，就有力量，有信仰，就會投入。能選擇一個好的宗教、好的信仰，有益身心，開發正確的觀念，就可以傳家。」

細細咀嚼之後，意味深長，心領神會。星雲大師一千多篇的好文章，深刻而耐人尋味，我在此只能舉出其中幾個例子。很感謝大師慷慨分享他的智慧結晶，讓芸芸眾生也有幸獲得他的「傳家之寶」。

在繁忙的生活中，每天只要閱讀幾篇，頓時情緒穩定、思考清明、心靈澄靜。有這樣的好書為伴，真的「日日是好日」！

（本文作者為台中市市長）

推薦序四

佛法與生活及工作結合時

郝明義

對我而言，佛法中很重要的一塊是教我們如何對境練心。換句話說，也就是在生活與工作中修行。

生活與工作，無非大事小事的麻煩此起彼落；無非此人彼人的煩惱相繼而至。所謂對境練心，在生活中修行，就是我們如何調整自己面對這些麻煩事情、煩惱人事的心態、習慣與方法。

在沒有接觸佛法的過去，我憑以面對這些事情與人物的工具，不過是如何借由理性與意志力，來控制自己的脾氣與心情。但光是借由理性與意志力來控制，畢竟是有可及之時，也有不可及之時。敗多成少固然是問題，成敗之間的得失難以判斷，依循規則也難以歸納，則更是令人深感挫折。

但是接觸佛法，尤甚以六祖註解的《金剛經》為我的修行依歸之後，雖然所知十分淺薄，但是光對境練心的這一點認知，已經讓我受益匪淺，知道了如何從根本調整自己在生活中面對煩惱的心態、習慣與方法。

譬如說，以一個出版者而言，這個行業的特質，尤其讓我覺得應用佛法別有心得。和其他行業不同，出版工作永遠要同時面對過去、現在、未來三個課題。今天新出版的書裡怎麼創造些暢銷書，這是要持續注意「現在」的課題；今天就要和作者討論幾個月甚至幾年後出版的書籍寫作內容，預作準備，這是要持續注意「未來」的課題；每一個出版社都要重視自己過去出版的書籍，注意如何讓過去已經出版的書可以持續再版，這是要持續注意「過去」的課題。這種工作中隨時要同時注意「過去」、「現在」、「未來」三種課題的需要，讓我特別體會到佛法可以對我所有的啟發與指引。

又譬如說，六祖的口訣「覺諸相空，心中無念。念起即覺，覺之即無」，讓我體會到其中的「念起即覺，覺之即無」正是「應無所住而生其心」的旁註，可以隨時應用在任何事情，讓自己恢復或保持清淨之心——哪怕是在最繁雜與忙亂的工作中。

雖然因為自己習氣深重，仍然有大量情況是「念起不覺」，來不及調整心態，注意不到要調整習慣，不適應應該採取的方法，而一再讓煩惱所趁，重蹈覆轍，但是畢竟我知道方法是的確在那裡的，只是自己不才，不夠努力而已。固然仍然是敗多成少，但畢竟可以看到比例逐漸有所改善。路途雖然十分遙遠，但是畢竟在跌跌撞撞中感受到自己在走路了。

一個黑戶佛教徒對佛法的心得，重點如此。

《星雲法語》中有著許多在生活與工作中的修行例證。希望閱讀《星雲法語》的讀者，從這本書裡也能得到在生活中修行的啟發與指引。

（本文作者為大塊出版集團董事長）

推薦序五

人生的智慧和導航

趙寧懷感

我一直感恩自己能有這個福報，多年來能跟隨在大師的身邊，學習做人和學習佛法。每一次留在大師身邊的日子裡，都可以接觸到許多感動的心，和感動的事；每一次都會讓我感覺到，這個世界真的是非常的可愛。

大師說：他的一生就是為了佛教。這麼多年來，大師就這樣循循的督促著自己，為此，馬不停蹄的一直在和時間做競跑。大師的一生，一向稟持著一個慈悲佈施、以無為有的胸懷，做大的人，做大的事。如果想要問大師會不會和我們一樣斤斤計較？我想他唯一真正認真計較的事，就是，對每一天的每一分和每一秒吧！

在大師的一生裡，大師從來不允許自己浪費任何一分一秒的時間；無論是在跑香、乘車、開會、會客或者進餐；大師永遠都是人在動，心在想，手在做，眼觀四方，耳聽八方，把一分鐘當十分鐘用；在高效率中不失細膩，細膩中不失大局，大局中不失周全；周全裡，充滿了的是大師對每一個人無微不至的關懷和體貼。

大師自從出家以來，只要是為了弘法，大師從來不會顧及自己的健康和辛苦，數十年如一日，南奔北走，不辭辛勞的到處為信徒開釋演講；只要有多餘的時間，大師就會爭取用來執筆寫稿；年輕時也曾經為了答應送一篇文稿給出版社，連夜乘坐火車，由南到北。大師從年輕就非常重視文化事業，大師也堅信用文字來度眾生的重要。大師一生不但一諾千金，獨具宏觀，不畏辛苦，忍辱負重；在佛教界樹立了優良的榜樣，對現代佛教文化事業得以如此的發達，具有相當肯定的影響力。到目前為止，大師出版的中英文書籍，已經不下數百本。

記得在六十年代的時候，大師鑒於電視弘法不可忽視的力量，即刻決定

侯吉諒繪

要自己出資，到電視公司錄製作八點檔的「星雲法語」；使成為台灣第一個在電視弘法的節目。我記得大師的「星雲法語」，是在每天晚間新聞之後立即播出，播出的時間是五分鐘，節目的製作，即「精」又「簡」；節目當中，配合著簡單明瞭的字幕，聽大師不急不緩的縷縷道來；讓觀眾耳目一新，身心受益。

這個節目播出之後，立即受到廣大觀眾的喜愛和迴響。大師告訴我，在節目播出不久之後，由於收視率很好，電視公司自動願意出資，替大師製作節目；大師從此不但有了收入，也因此多了一個電視名主持人的頭銜。這個「星雲法語」的電視節目，也就是今天所出版的《星雲法語》的前身。

佛光山香海文化公司，精心收集了一千零八十篇的《星雲法語》，即將出版。這一條佛法的清流，是多年來星雲大師為了這個時代人心靈的須求，集思巧妙的運用生活的佛教方式，傳授給我們無邊的法寶。每一篇，每一個法語，星雲大師都透過對微細生活之間的體認，融合了大師在佛法上精深的修行智慧。深入淺出的詮釋，高明的把佛法當中的精要，很自然的交織在生活的細緻之間，用生活的話，明白的說出現代佛法的修行風範，讓讀者有如沐浴在法語春風之中的感覺，很自然的呼吸著森林裡散發出來的清香，在每一個心田裡默默的深耕著。等待成長和收割的喜悅，和著太陽和風，是指日可待的。

今承蒙香海文化公司的垂愛，賜我機會為《星雲法語》套書做序，讓我實在汗顏；幾經推辭，又因香海文化公司的盛情難卻，只有大膽承擔，還請各位前輩、先學指正。我在此恭祝所有《星雲法語》的讀者，法喜充滿。

（本文作者為國際佛光會世界總會理事）

星雲高壽
大地齊頌
沈禎教授塑像
李奇茂題並祝

卷一 佛教的理念

現在，佛教從山林走入社會，
從寺院擴及家庭，將佛法落實於人間，
使每個人生活美滿、家庭幸福，
群我之間和睦友善。

佛教的理念

常有人問，佛教義理浩瀚廣大，若簡而言之，什麼是佛教的理念？過去，佛教注重深居山林的出世形式，現在，佛教從山林走入社會，從寺院擴及家庭，將佛法落實於人間，使每個人生活美滿、家庭幸福，群我之間和睦友善。佛教是以人為本的宗教，從過去到現在有著不變的理念，即：

第一、佛教的主旨是造福人類：佛陀降誕於世間，就是為了「示教利喜」，以利他為本懷，開示眾生解脫之道，引導眾生入佛知見，而減少煩惱，增福修慧，讓眾人能見證法喜安樂，永斷煩惱，遠離無明。所以佛教是以出世的精神，做入世的事業，希望帶給人間和平富足，讓眾生得到現世的幸福安樂。

第二、佛教的準則是慈悲平等：佛教提倡慈悲，這種慈悲是無偏私的關愛，無對待的包容，是平等的慈悲。雖然社會上常呼籲要發揮愛心，但是在實施時，難免會有偏頗，而成為有條件、有揀擇、有對等交易的付出。真正的慈悲應該具有「無緣大慈，同體大悲」的精神，也就是予人快樂，拔人痛苦時，不一定彼此間要有關係，即使素昧平生，對方有了困難，就應無條件的幫忙，這就是平等對待的慈悲。

第三、佛教的目標是融和歡喜：人與人相處，常因為意見紛歧，或個性、習慣的差異，造成彼此互相排擠，族群之間的摩擦，國家之間的對立也是如此。佛教主張「同中存異，異中求同」，不同同之謂之大，此「大」便是一種融和、包容的雅量。國家能夠融和各族群、各團體、各黨派，必定能祥和富強，世界上每個國家能夠融和，必定能和平無諍，皆大歡喜。

第四、佛教的理想是淨化人間：現今社會世風日下，人心充斥貪婪邪見，就是因為佛法未能普及。如果佛教能普遍弘傳，則可以補法律之不足，使每一個人心存道德觀念，遵守法治規範，不為非作歹，而利己利人，能如此，建設人間淨土就不難矣。人間淨土人人和善，沒有人我是非，沒有階級差別，也沒有政治破壞，是一個彼此尊重包容、安和樂利的淨土。

佛教的理念，是讓每個人能去除痛苦，得到快樂；離開虛妄，回到真實；掃除雜染，重拾清淨，這種安身立命的理想境界，就是佛教的理念：

- 第一、佛教的主旨是造福人類。
- 第二、佛教的準則是慈悲平等。
- 第三、佛教的目標是融和歡喜。
- 第四、佛教的理想是淨化人間。

馮儀繪

佛教的特質

常有人說，所有的宗教都是勸人為善，都是一樣的。其實，宗教雖有共通處，但也有不共通的，這就好比哲學、科學、文學、醫學……各種學科，對人類都是有益的，但是這些學科也各有其不同的特質。各個宗教中，佛教的特質有那些呢？以下列出四點：

第一、具有因果的理則：因果是一切道理的原則，《瑜伽師地論》卷三十八說：「已作不失，未作不得。」種什麼因，得什麼結果，揭示了佛教因果論的特點。宇宙人生的一切，彼此相依相待而存在，萬事萬物都是仗「因」託「緣」，才有「果」的生起，此「果」又成為「因」，等待緣聚合又生他果，相依相攝，森羅萬象、無窮無盡。

第二、具有緣起的中道：從因到果之間還有個「緣」。好比種子種下去，還要有陽光、空氣、水分才能結果。世間上萬事萬物都是有緣才能生起，彼此關係相依相存，是不能單獨的存在的，一旦組成的因緣散失，也就不復存在了。認識緣起，就會知道人生禍福、好壞皆是自己所造，非有他力可以主宰，唯有自己才是自己的主人，如此必能幫助我們把握人生的方向，認識人生的意義。

第三、具有業感的潤生：「假使百千劫，所作業不亡；因緣會遇時，果報還自受。」一顆種子收藏在家裡，它不會生長，但假如把它放在泥土裡，它有了因緣，受到滋潤，就會發芽、結果。同樣的，一個人的身口意所造作的業，無論是善、惡，說一句話、做一件事，都會有果報的。做好事，會有好的業感，做壞事，有惡的業感，一不小心做了壞事，有壞的業

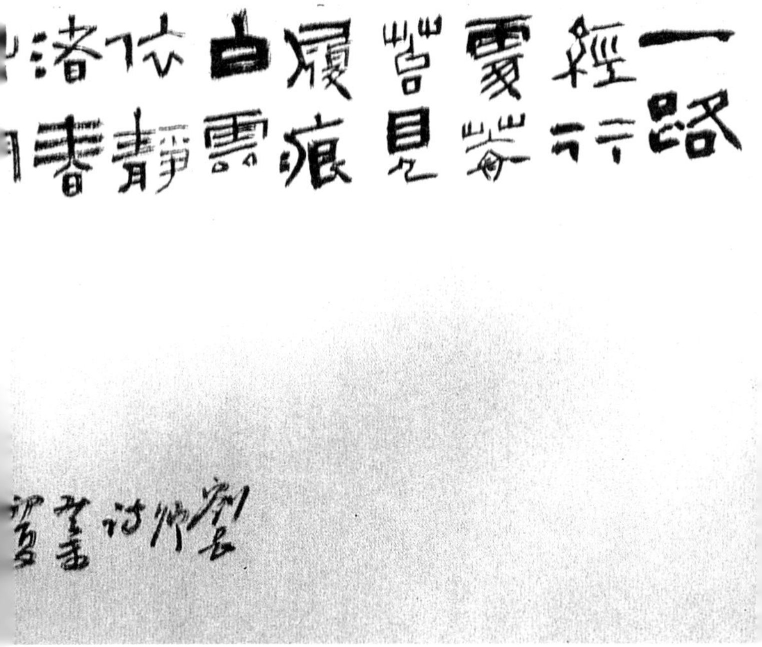

感也不要恐懼，受報等於有期徒刑，受報以後還會再回來。因此，認識因果業感，就能為自己負責，創造幸福。

第四、具有空有的一如：《心經》說：「空」即是色，色即是「空」，講的就是「空有一如」。許多人把「空」和「有」畫開，其實「空」和「有」不是兩個，而是一個，等於一體的二面。「空、有」好比大海的波浪，風平浪靜時候的海，是水，驚濤駭浪時候的海，也是水。波浪沒有離

李蕭錕繪

開水，動沒有離開靜，有沒有離開空；波水一體，動靜一如，空有是不二的。

明白因果緣起，善知業感報應，才能明白人生的真實，懂得空有一如的道理，不再執著束縛，生命就會豁達開朗，「佛教的特質」有四點：

第一、具有因果的理則。

第二、具有緣起的中道。

第三、具有業感的潤生。

第四、具有空有的一如。

如何解脫自在

禪宗四祖道信問三祖僧璨禪師：「如何解脫自在？」僧璨反問：「誰縛汝？」此話可謂道破千古疑團。普天之下最能繫縛我們的，不是別人，而是自己。當我們執著於金錢時，金錢就箝制我們的心志；當我們執著於權位時，權位就套牢我們的胸襟。自古以來，能從名枷利鎖裡解脫自在的，又有幾人？提供以下四點解脫自在的方法：

第一、用平常心生活：平常心就是「不以物喜，不以己悲」的心境。在日常生活裡，凡事不必標新立異、炫耀自我，用平常心，老老實實、本本分分的態度生活，也不必自覺懷才不遇，而憤世嫉俗。有，固然可以生活不憂；無，也可以放達自在。惠能大師的「本來無一物，何處惹塵埃」，就是一種平常心，有了平常心，生活裡就不會因妄想而顛倒罣礙。

第二、用慚愧心待人：我們每天舉心動念、待人處事，難免有缺失或不完美之處，若常懷慚愧心，就能清淨我們的身口意，而遠離熱惱。在待人接物裡，隨時想到：「真慚愧！我對你沒有貢獻、沒有幫助，對你還不夠友愛。」如果能以此心待人，必能增加人我之間的友誼。

第三、用無住心接物：《金剛經》說：「應無所住而生其心」，無住心好比出家生活，出家無家處處為家，又好比天上的太陽，住在虛空裡，所以顯其大、顯其永恆。無住心，就是超越人我是非得失，對所有的事物，都能隨情、隨機、隨緣。若用無住心接物，雖千鈞加頂，也能舉重若輕。

第四、用菩提心修道：我們要如何進德修業，培養健全的人格呢？用菩提心；菩提心就是上求佛道、下化眾生的心。有了菩提心就有力量，對家人、社會、國家、眾生，就有「上弘下化」的使命和責任，這就是用菩提心修道。

不放開腳步，無法向前邁進。我們要解脫自在，不但要學習放下，更須培養曠達的胸襟，能想得開，想得遠，看得寬，看得大。歷來諸佛菩薩與古今豪傑，哪一個不是為了大眾福祉，而放下個人安逸，赴湯蹈火在所不計。他們在讓眾生離苦得樂時，自己也獲得了自在解脫。在生活、修行、待人接物各方面的解脫自在是：

第一、用平常心生活。

第二、用慚愧心待人。

第三、用無住心接物。

第四、用菩提心修道。

合掌的意義

軍人見到長官要敬禮，學生見到老師要問好；過去，晚輩見到長者要鞠躬，西洋人見面也要握手、甚至擁抱，這些都是一種心意的交流。合掌的意義也是這樣。《華嚴經》云：「合掌以為華，身為供養具；善心真實香，讚歎香煙布。」一合掌，給人感覺莊重、尊敬；一合掌，流露內心虔誠、謙虛。它蘊涵很多的意義，提出以下四點參考：

第一、制心一處：《佛遺教經》說：「制心一處，無事不辦。」一個合掌，是合十法界於一心，凝聚所有的心力。

在佛門行儀課程中，常會要求修道人要「合掌當胸如捧水」，即兩隻手合在胸口，好似捧水一般慎重敬謹。平常我們的心是分散的，現在一合掌，能把散亂慣了的心意集中起來，裡外一如，就能時時集中，時時正念。

第二、端正莊嚴：許多人講話手舞足蹈，眉飛色舞，坐沒有坐相，站沒有站相。但是，只要他一合掌起來，內心自然流露出莊嚴的氣質，祥和平安，那份恬靜端莊的威儀，肅穆攝受，讓旁人見了，自己的行為舉止，也不敢隨便造次，煩躁的身心，自然安穩下來。

第三、情意交流：平時，有陌生人搭訕時，你可能會心生警戒；或是不熟悉的人，你對我什麼心意，我對你什麼感想，彼此都不知道是好意、壞意。但是，不論在那裡、什麼時間，只要一個合掌，你就能感受到一份友好、一種和善，流露禮貌、尊重、恭敬，這是一種人與人善意的交流。除此之外，合掌向佛，也是代表與聖者、真理交流接心，一次合掌，一次的品格道德，自然就昇華起來了。

第四、虔誠祝福：合掌的雙手，是世間最美的手，也是一種關心、祝福。比方我要對人好，你要表達感謝，都可用合掌表示。比方兩人見面時，祝賀別人的生日壽誕、向人家說：「新年恭禧」、「金榜題名」、「升官發財」，又如祝福別人「有情人終成眷屬」、「家庭平安」等，經過合掌，彼此都增加好感。說再多的話，都不如雙手合十表達內心的歡喜、誠意、感謝。透過合掌，人與人可以交心、互助、祝福。而悟到真理的人，禪心妙諦都在合掌中，我就是宇宙，宇宙就是我。合掌的意義，實在是無限。

第一、制心一處。

第二、端正莊嚴。

第三、情意交流。

第四、虔誠祝福。

正信之美

人是信仰的動物，人只要有生死問題，就會有信仰。說到信仰，有的人不假分辨，不去了解信仰的意義，只是一味的迷信。當然，迷信總比不信好；不信又比邪信安全。但是人最重要的是要有正信，才不會走錯了路。正信不是隨便亂信，正信就是所信仰的對象必須是有道德、有歷史、有能力，在歷史上記載著實有其人，而且具有清淨的人格，能夠指引我們、幫助我們解脫生死，否則我們信祂做什麼呢？所以，有了真正的信仰，人生會很美。

正信怎麼美呢？有四個譬喻：

第一、正信如琴瑟妙音：人有了正信以後，自己的知見一正，所謂正知正見，每天耳中所聽到的都是正當、真實、善美的話語與音聲，猶如琴瑟之音一般美妙，自然能杜絕靡靡之音，而不會受到邪魔外道所擾亂了。

第二、正信如明鏡照人：人有了正信，就好像擁有一面光明的鏡子，自己的本來面目都能看得清清楚楚。尤其在正信的鏡子裡，一切是非、好壞、善惡、因果，都能明明白白的看個清楚，而不會無明的怨天尤人，如此自然懂得處理人生的一切得失。

第三、正信如大地安穩：人有了正信，可以引導我們的前途，讓我們每一步路都如履平地般的安全、平穩。就好像在大地上興建高樓，地基穩固，就很安全。反之，如果信仰錯誤，走上了邪信之路，則如臨淵履薄，隨時都有失足墜崖之患。所以有了正信，就好像走在平穩的大地上，不致發生危險。

第四、正信如日月星光：人有了正信，就像宇宙間有了日月星光，能夠帶來光明、希望。有了正信的人，自然能開發內心的般若之光，時時刻刻都如日光般的朗朗照耀，又如月光般的清涼愉悅，人生何其美好！

有人質疑，信仰宗教能得到什麼利益、好處？其實那怕只是星星之光，也能引導我們知道東南西北，也能把黑夜點綴得很美。所以，正信對於每一個人的生活、心境，都有很重要的關係。

「正信之美」有四點：

第一、正信如琴瑟妙音。

第二、正信如明鏡照人。

第三、正信如大地安穩。

第四、正信如日月星光。

無常

佛教有一個非常好的真理，那就是「無常」，但是一般人都不喜歡聽到，以為人生無常、世間無常、國土無常，什麼東西都不長久，感到沒有希望。其實，那是從消極上去解釋。如果從積極面看，「無常」很好。比方，我沒有學問，這不是天生注定，因為「無常」，只要我肯用功，肯努力向上，我慢慢會有學問。我很貧窮，沒有關係，因為「無常」，只要我辛勤努力，我可以賺錢、我可以發財。什麼是「無常」？以下四句偈說明：

第一、積聚皆銷散：世間上的物質、錢財，不論積聚多少，終有散失用罄的時候，假如你過於執著放不下，那麼積聚也僅僅作保存而已，無所功德，甚至還容易為它所役，患得患失，苦惱不已。反之，倘若你能善加利用，用於正途，用在有智慧的地方，造福社會、利益大眾，即使銷散之後，一旦有因緣，它也會再積聚。

第二、崇高必墮落：一個人擁有再崇高的聲望，好比歷史上的英雄人物，當大限來到時，再叱吒風雲，也是過眼煙雲。因此，當位崇名高時，當思敬謹，常思「如何有益於人」、「如何培植福德」。倘若一時失敗，也不要緊，只要反省奮發，你也會有再成功的時候。

第三、合會終必離：合會是歡喜的，別離是悲哀的，這是人人都有的感受，所以古人言：「黯然銷魂者，唯別而已矣！」有「會」，就會有「離」，這是必然的真理，若不能體會放下，別離就會成為世間最傷痛牽掛的事。因此，與其掛念別離的不捨，不如積極珍惜眼前相聚的時刻。就算離別了，只要因緣聚集，將來也會有再會合的時候。

第四、有生必有死：面對生死問題，佛陀明示弟子不要傷心，有了生，就會有死，這是世間的真理，天地萬物都是如此。同樣的，有了死，

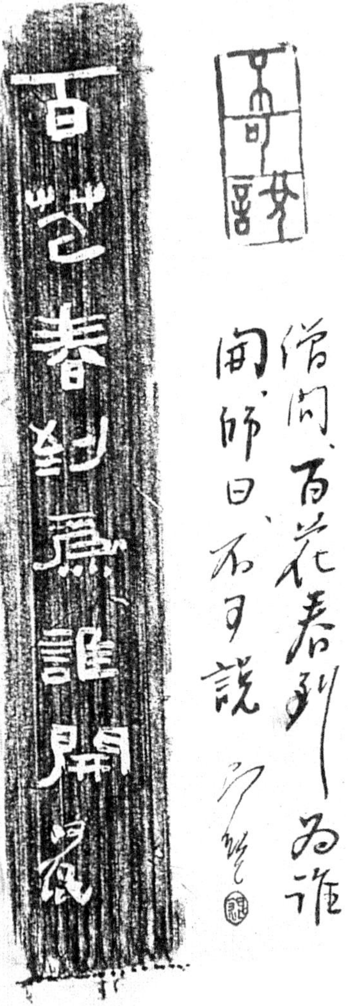
百花春到為誰開
借問、百花春到為誰
開、師曰不可說

李蕭錕繪

也會有生，生了又死，死了又生。好比一江春水向東流，不管流到那裡去，仍會流回來；如木柴一根根的燒完了，但延續生命的火種仍然存在。所以死亡並不代表滅亡，生死並不可怕。

世間上什麼都可以改變，因為「無常」，我有希望；因為「無常」，我有未來；因為「無常」，我可以改過；因為「無常」，我可以進步，「無常」實在美好。

以下四句偈，可以給我們警惕，給我們面對真實而不恐懼。

第一、積聚皆銷散。

第二、崇高必墮落。

第三、合會終必離。

第四、有生必有死。

佛教現代化

目前世界各國積極推動現代化，例如：軍事現代化、經濟現代化、建築現代化、教育現代化……等。全世界都重視要現代化，而佛教講究人心，在弘法上當然也講究現代化，才能符合人心。「佛教現代化」有四點：

第一、佛法語文化：佛陀時代，印度的語言就有二百二十多種，主要語言也有十三種。佛陀傳教也應用多種語言傳法，所謂「佛以一音演說法，眾生隨類各得解」，語文的運用即是方法之一。因此，在佛法的弘傳上，如果大家都能利用各種語文來做為溝通的橋梁，重視英、日、韓、法、德、西、葡……等等，使之普遍，佛教必定更讓許多人了解、接受。

第二、佛教科技化：佛教非常重視科學和技術，就如過去佛陀說法的時候，便經常運用舉喻來說明事理，甚至顯現種種方便神通來度化眾生，那就是一種以科技弘法的方式。佛教要現代化，在設備上，也要配合社會科技的發展。例如，使用投影機、電視、電腦、網路，甚至遠距教學等等，這些都可以用來輔助弘法，讓佛法的傳播更為便利。

第三、修行生活化：佛教重視修行，因為修行能讓身心端正，解脫煩惱。但是，修行不只是在經典或在口頭上，而是必須落實在生活上。比方，講到外表，要有威儀，要能「行如風」、「坐如鐘」、「臥如弓」、「立如松」；講到心裡，要能持戒、要有禪定、般若、慈悲，把這些運用到生活裡，也就是所謂「福慧雙修」、「行解並重」、「知行合一」。對家庭、社會要服務奉獻，對生活所作所為，要合乎理則、合乎法則，才能有所功用。

第四、寺院學校化：現代大部分的寺院建築，都不只是建一個佛殿、供一尊佛像而已，已經開始注重建講堂、教室、圖書館。寺院不但保有傳統的制度、內涵，也兼具有學校教育的功能。住持就是校長，聘請不同的老師上課，為大眾服務，發揮多項教育、文化等功能。因此，寺院學校化，對社會教育的提升必定能有貢獻，對信徒的修養也必定有所增長。

現代化是全球的趨勢，佛教也要「走出去」，走入人群，深入民心，以下這四點，是走上現代化的條件。

- 第一、佛法語文化。
- 第二、佛教科技化。
- 第三、修行生活化。
- 第四、寺院學校化。

不淨觀

「不淨觀」是佛教的一種修持觀想行法。眾生因為貪愛，於我、我所有上面，產生執著愛染，而生起種種痛苦，佛陀於是教導眾生觀想自他肉體充滿屎、尿、涕、唾等骯髒之物，以減少對他身及自身的淫欲貪愛。如果能以不淨觀善攝其心，就能去除貪愛染著。這裡有六種不淨觀，提供大家參考：

第一、欲為第一海：佛經比喻眾生的貪欲，猶如大海，所謂：「愛河千尺浪，苦海萬重波」、「眾生流轉愛欲海，無明網覆大憂迫」、「眾生漂溺諸有海，憂難無涯不可處」，均說明欲海狂瀾，會使人沉淪滅頂。

第二、癡為第一闇：愚癡好比沉睡在漫漫長夜中的人，不知道那一天才能醒過來；愚癡好比「一翳在眼，空花亂墜」，完全無法看清楚前途的狀況；愚癡恰似小嬰兒，不能分辨食物與糞穢，隨便拿起來就往嘴巴裡塞一樣。所以愚癡的人，一直處在黑暗無明的地方。

第三、瞋為第一怨：一個人如果常常暴怒、發脾氣，會招來許多怨恨。有些人習慣隨便罵人、欺負人，或是閒話是非，這些都會有因果報應的。瞋恚像野火一樣，還沒有燒到別人之前，已經將自己燒得面目全非了，所以，瞋恚的惡相是為第一怨。

第四、妒為第一火：《梁皇寶懺》記載梁朝武帝的皇后郗氏，生前嫉妒六宮嬪妃，動心發口有如毒蛇，因心懷瞋妒之火，死後墮為蟒蛇，不但無洞穴可以棲身，還要飽受飢餓、身體鱗甲被蟲啃嚙之苦。後來郗氏向武帝求救，藉由懺悔薰修之力，才脫離蟒蛇身。所以嫉妒之火，不僅傷害別人，更會燒毀自己。

第五、疑為第一障：疑心，是人與人之間很大的障礙，有的人懷疑自己諸根闇鈍，罪垢深重，就不容易消除業障；有的人懷疑受道的師長，威儀德行不具足，自己就無法成就道業；有的人懷疑所受之法非真正之道，不肯敬信受行。在這些疑心之下，最大的受害者是自己。因為懷疑自己，自己就無法發揮能量；懷疑別人，別人也不會相信你；懷疑真理，自己就無法開悟。所以，為人要任賢勿貳，去邪勿疑。

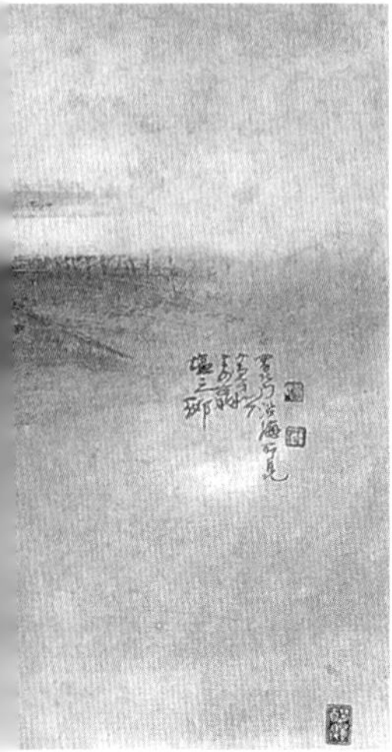

第六、慢為第一高：慢是六大根本煩惱之一，即比較自己與他人高低、勝劣、好惡等，而生起輕蔑他人的自恃心。慢心如同高山，會擋住人我之間的

黃才松繪

友誼，障礙彼此之間的往來溝通。

欲海狂瀾、癡黯黑宅、瞋怨惡象、嫉妒火焰、疑雲幢幡、驕慢高山六種不淨，都在我們的身心內外，所以我們要時時觀看它所帶來的禍患。

第一、欲為第一海。

第二、癡為第一闇。

第三、瞋為第一怨。

第四、妒為第一火。

第五、疑為第一障。

第六、慢為第一高。

平等法

平等是人人所求，民主國家強調人民權益平等，弱勢國家爭取國際往來平等，少數民族盼望地位平等，勞資雙方希冀供需平等，甚至婦女爭取兩性平等，保育人士促進生權平等。

什麼是平等法？有以下四點：

第一、好惡要有全面的評鑑：人世間的好惡，有時很難判斷。有人作奸犯科卻非常孝順，有人飛黃騰達卻奸惡無比。三國曹操允文允武，雄才大略，因為權詐而被譏為「一代奸雄」；窮苦的呂蒙正，靠後天的努力，三度為北宋宰相，敢於直言，政績卓著，生活卻奢侈無度，受人爭議。所以說，要評鑑一個人，實在必須從各方面來探討。

第二、美醜要有內外的觀察：《周禮》提到女子要具備「四德」，「婦容」是其中之一；大多數人看女人，也常以容貌美麗為優先。不過，三國諸葛亮，名媛美人他不愛，娶了一位髮黃皮黑而賢德兼備的妻子，讓他一展大志，無後顧之憂。清朝周漁璜，不愛大財主的貌美千金，選擇簡樸而知書達禮的村姑，夫唱婦隨，生活愜意。自古窈窕淑女，君子好逑，外表的美貌固然能為儀表加分，內在的品德，卻也不能不重視。

第三、男女要以能量論高低：不可否認的，社會上還存在男女不平等的問題，如同工不同酬等。其實，不必去分男人與女人哪個尊貴，應看個人能量的發揮。你看，選舉時，必定以民意支持度高的人當選，演講時，也以講得精采的人勝出，文章以文采見解好者為優，心胸以開闊遠達者為佳。因此，男女之間高低，以發揮的能量來衡量才是平等。

第四、老少要從心智去了解：佛經云：「長者不必以年耆。」也就是說，長者不完全以年高這一點來認定，而是以戒德為準。同樣的，一個人的老少成熟，對事情的看法、處理，也不只是從年齡來看。像鳩摩羅什的小乘老師磐達特，後來反拜鳩摩羅什為大乘的老師，佛門有「先入門者為師兄」、「開悟者為上座」，人的老少，當從心智上去了解。平等法有這四點：

第一、好惡要有全面的評鑑。

第二、美醜要有內外的觀察。

第三、男女要以能量論高低。

第四、老少要從心智去了解。

如何去除污垢

地板髒了，可以用掃把、吸塵器來處理；身體髒了，藉助清水、肥皂也可以輕易解決。這些外在的污穢，可以很快就看到、察覺，也可以快速清潔整理，還他本來面目。可是有些污垢不外顯，如性格上的缺陷，心理的不潔習性，這些污垢不僅難察覺，即使察覺，若無方法也不容易去除。

在此提出四點常見的污垢：

第一、不念好是性格上的污垢：有些人的性格，只會想到別人的缺點，記住別人的過失。眼中看到的是他人的不完善，口邊講的是別人的壞話。這種念壞不念好的習氣，是性格上的骯髒，要設法去除。訓練自己以感謝的心看待一切因緣，以慈善的眼放大他人的好處，以讚美的話說人家的好。以善意、善心、善言來洗淨這個「不念好」的污垢。

第二、不勤勉是持家上的污垢：有人生性疏懶，不勤勞不自勉，就想依賴家人，四肢不勤，過著茶來伸手、飯來張口的生活，成為家人的負擔。這種人是家庭的污垢。身為家庭的一份子，對自家要有貢獻，俗話說：「兄弟同心，其利斷金。」應勉勵自己成為家庭棟梁，而不是寄生蟲。

第三、不盥洗是身體上的污垢：農夫因為農事沾滿草籽泥巴，技工因為修理機器滿身油污，礦工為了挖煤滿頭滿臉的黑煙，這些都不是骯髒。有些人視洗澡為畏途，一身的臊氣，薰得周遭人閉氣不迭，幾欲作嘔，才是真骯髒。保持身體的整齊清潔除了是衛生，也是社交的禮貌，不可不注意。

第四、不思考是心智上的污垢：我們知道智慧的來源要靠思想，《論語》說：「學而不思則罔，思而不學則殆。」佛教也說有三種智慧：聞所成慧、思所成慧、修所成慧。《楞嚴經》記載，像觀世音這麼偉大的菩薩，也是「從聞思修入三摩地」。一個人如果長期不思考，腦筋會愈來愈遲鈍，心智會漸趨蒙昧。因此要提醒自己時常思考，保持自己心靈的活水源頭。

看到環境髒了，我們知道要去打掃乾淨，也不要忘了常常檢點自己的身、心、靈，有沒有沾染污垢。若無，則謹慎之、嘉勉之；若有，則應痛下決心，改過遷善。

- 第一、不念好是性格上的污垢。
- 第二、不勤勉是持家上的污垢。
- 第三、不盥洗是身體上的污垢。
- 第四、不思考是心智上的污垢。

人間佛教

什麼是「人間佛教」？人間佛教不是新興的名詞，是將佛陀的言教落實在生活中的佛教。人間佛教是一個回歸佛陀時代，實踐佛陀解行並重的佛教。可以說，凡是「佛說的、人要的、善美的、清淨的」，都是人間佛教。又，佛教的五戒十善，六度四攝等大小乘佛教義理，也都是人間佛教。既然如此，為什麼要特別強調「人間佛教」這個名詞呢？蓋因「人間佛教」是與時俱進，可以在生活中靈活運用的，如以下四點：

第一、以慈悲淨化社會：我們這個社會太需要拔苦予樂的「慈悲」。對於別人的苦惱，有感同身受的切膚之痛，就容易生起慈悲。比如見到鰥寡孤獨、飢渴貧乏、昏心喪志的許多苦惱人，我們能對他們布施金錢、飲食，或為他們講說良言善語，幫助他們去迷解惑，獲得生活的希望與力量。如果每一個人，都能布施慈悲心給社會，就能淨化社會；能以慈悲歡喜淨化國家，必定能建設慈悲的國家，這就是人間佛教的理想。

第二、以道德立身處世：我們在世間上立身處世，不是靠學問、靠能力，而是要有道德，尤其是不求名聞，不欲人知的廣積陰德，才能吉星高照，福德隨身。道德，不是用來要求別人，要求社會大眾，而是用來要求自己的。如果每一個人都持守五戒，以五戒道德來立身處世，就是人間佛教的實踐。

第三、以勤勞創建事業：一個人懈怠、不勤勞，不但不能享有榮華富貴，還會破財失利。好比農夫要勤勞耕作，才會有豐實的收穫；行人要到很遠的地方，要勞動雙腳，一步一步的勤走，才能到達目的地。所以「天下沒有白吃的午餐」，如果只顧悠閒過日子，卻要享有事業的繁榮，是不可能的。唯有負起對家庭的責任，對社會、國家的義務，勤勞創建事業，才能享有充實的人間佛教。

第四、以和諧溝通彼此：人間佛教重視彼此的尊重，群我的和諧，以互助、互諒、互相了解來共同營求生活。唯有和諧，人間才能溝通彼此，才能發揮生命共同體的吉祥安樂。什麼是人間佛教？這四點是大家應該奉行的：

- 第一、以慈悲淨化社會。
- 第二、以道德立身處世。
- 第三、以勤勞創建事業。
- 第四、以和諧溝通彼此。

布施的層次

凡是良善者，無不希望給別人一些幫助，給別人一點施捨。但是布施也有原則，不能隨便的施捨，否則會產生反效果，或是增加別人的困擾，或是引起他人的反感。在《增一阿含經》裡即說，不可以對無法生起信仰的人布施佛法，因為會引起他的瞋恨之心，猶如一個人患有癰瘡，還沒有痊癒，又拿刀子去刺傷，會使他更痛不可忍。所以，布施是有層次的。

第一、施捨真理是上等布施：佛教認為上等的布施，是給予心靈啟發的「法施」，這是人生最為欠缺的。因為一個人即使有再多的錢財，再高的地位，不能明理，不能安心自在，也是貧窮。真理是每一個人都需要的，假如能把真理布施給人，把知識、技術傳授給人，則不僅能改善人們的生活，還能開發人們的智慧，以此利益更多的人，這就是上等的布施。

第二、急公好義是中等布施：當我們看到社會上諸多的不公平，應該勇敢的伸張正義。看到國家的公益團體、弱勢團體生存困難，也應該給予贊助，助其發展，以發揮社會急公好義的精神，這是中等的布施。

第三、濟貧救窮是下等布施：有一句話說：「救急不救窮。」對於一時的急難救濟，猶如雪中送炭，會讓急難困苦的人獲得轉圜的生機，是莫大的慈善因緣。但是對於恆常的窮困，有時候是救濟不了的，因為這種治標的慈善工作並不究竟。像佛光山曾經到泰國北部救濟貧民，除了一開始給予食物、衣物的救急，後來更協助建設工廠，以提供就業機會代替金錢財物的布施，如此才逐漸解決貧窮的困境。

第四、施不甘願是劣等布施：有的人出錢贊助公益，但是布施之後，

李蕭錕繪

心裡很苦惱、很懊悔；或是在別人強迫之下捐款，讓他感到心不甘情不願，猶如剝去身上的血肉骨髓那樣的痛苦。這種不是發自內心歡喜的布施，是為劣等的布施。

大家可以衡量一下，自己平時的布施，是屬於哪一種？

- 一、施捨真理是上等布施。
- 二、急公好義是中等布施。
- 三、濟貧救窮是下等布施。
- 四、施不甘願是劣等布施。

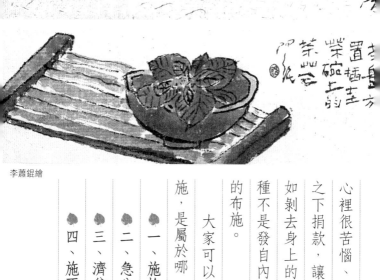

布施功德

佛教主張欲求福報，首先要布施。布施可分為資身用物的「財布施」；以知識、技術、真理教化他人的「法布施」；維護正義法理、讓人無所畏懼的「無畏施」。布施的功德就如播種，將一粒種籽播於泥土中，經過灌溉施肥，就能結出纍纍的果實，所謂「三寶門中福好修，一文施捨萬文收；不信但看梁武帝，曾施一笠管山河。」就是布施功德的最好證明。有關布施的功德，有四點說明：

第一、施命能得長壽：長壽是世人共同的願望，但即使是錢財富可敵國，也無法買到壽命；即使是位高權重的天子，也無能讓壽命增長。人，要如何才能福壽增廣呢？《佛說食施獲五福報經》云：「施命者，壽命延長而不夭傷。」「施命」，是指不殺生，進而放生、護生。《譬喻經》裏記載一位小沙彌救螞蟻，因而得讓自己壽命延長的果報。所謂「種瓜得瓜，種豆得豆」，一個人要得長壽，不但要救濟貧困，而且要慈心不殺；有了惜生、護生的因，自然能得長壽的果報。

第二、施色能得端正：施色，就是布施飲食讓他人吃得很健康，不再面貌憔悴；布施衣物讓他人很莊嚴，不再形體猥瑣。《法苑珠林》云：「施色者，世世端正，顏色曄曄，人見歡喜。」我們布施衣服、飲食、醫藥等日用所需，讓他人身強體健，顏容光鮮，不再受飢渴貧病等痛苦，將得暇滿端正的果報。

第三、施安能得無懼：施安，就是讓他人獲得安穩的生活。例如對於餐風露宿的人，我布施房舍、臥具，讓他不再流浪街頭、寒熱交迫；你因

李蕭錕繪

颱風、地震，失去家園，我布施居住場地，讓你不再愁身危坐、露體塗足；你因困頓厄事，坐起不安，我給予你心靈慰問，讓你身心安詳、無有恐懼，這種「施安」的功德，能讓自己將來身心安穩、無有畏懼。

第四、施力能得勝利：

施力，就是為人服務，給予他人助力，讓他人的工作得以順利完成。例如見人事業失敗，自動給予鼓勵，讓他有東山再起的力量；見人踽踽不前，給予關心、慰問，讓他不畏孤獨，沒有恐懼的勇敢向前。所以，施力者，將來必能獲得勝利。

布施不一定要施錢，有時候為人說一句好話，能為他人帶來不可思議的因緣；有時候只是幾口飯的布施，卻給他人帶來生命的重生與希望；有時候一個不經意的微笑，也能給人帶來溫暖的感受，所以布施的功德是無量的。布施的功德有四點：

第一、施命能得長壽。

第二、施色能得端正。

第三、施安能得無懼。

第四、施力能得勝利。

欲的認知

「欲」，有雜染欲和善法欲之分，雜染欲是指內心不清淨的貪念，如貪求五欲六塵等；善法欲是指向上的精進力，如希賢求聖、服務鄉梓等。

我們將「欲」分為八個層次：

第一、無欲謂之聖：一個沒有欲念的人，他們對於衣食住行，只要能遮身充饑即能滿足，如顏回，孔子見他生活窘困，故於路旁放一錠金，並寫上：「天賜顏回一錠金」，顏回看到黃金，絲毫也不動心，只是寫下：「錠金不付命窮人。」便瀟灑地走了。聖人因能知足，故能守節不被利欲所誘，所以無欲謂之聖。

第二、寡欲謂之賢：《佛遺教經》：「行少欲者，心則坦然無所憂畏」，賢能之士，因其寡欲不多求，所以不與人爭名求位，不為權勢利益所惑，他們不屈於脅迫，不委身事惡，更不以自身的喜好，對事物做出不公的判決，所以寡欲者謂之賢。

第三、淡欲謂之士：何西疇：「士能寡欲，安於清淡，不為富貴所淫，則其視外物也輕，自然進退不失其正。」讀書人，日常行誼不忘先賢之道，能以淡欲為治身之本，故能無執地面對世俗名利，因而處事舒泰安詳、不驕矜做作，所以淡欲謂之士。

第四、離欲謂之僧：龍樹菩薩說：「欲為苦本，眾禍之源；敗德危身，皆由此起。」世間的欲樂，皆為苦海輪迴之本，如果能摒棄世間五欲的枷鎖，遠離一切貪愛的執著，斷絕所有聲色的追求，而進入心靈自在的境界，我們謂之為僧。

第五、貪欲謂之癡：眾生每天勞累奔波，除了滿足衣食住行所需之外，所謂「衣食足而思淫欲」，甚至「財色名食睡」無有饜足。但是當人們得到了情感、權位、財富、美貌後，真的就會快樂嗎？「欲海千層浪，苦海萬重波」，眾生愚癡，看不到欲望如無底深淵，因此在欲海浮沉，因而在六道中無法跳脫。

第六、多欲謂之凡：歷史上，許多功名場中之人、坐賈行商之流，為了求名求利，不惜曲躬諂媚，成為悖理忘義之徒；為了貪財貪色，泯滅道德良心，成為欲望的奴隸，就如朱文公所說：「欲之甚，則昏蔽而昧理義」，所以多欲謂之凡。

第七、逐欲謂之邪：《韓非子》：「人有欲則計會亂，計會亂而有欲甚，有欲甚則邪心勝。」人一有了貪欲，就會想盡辦法來滿足自己，為了達到目的更會不擇手段，因而生出種種的邪念，所以逐欲謂之邪。

第八、縱欲謂之狂：社會上，凡犯下殺業、偷盜、淫穢的罪刑犯，大都是因為縱欲所致。《大般若經》：「欲如利劍、欲如火聚、欲如毒器」，如果放縱己欲，為所欲為，就會引發成為傷人的利劍、火聚、毒器，所以縱欲謂之狂。

修身要嚴，莫使造諸惡；修心要密，莫使生欲念。所以「欲的認知」有下面八點：

- 第一、無欲謂之聖。
- 第二、寡欲謂之賢。
- 第三、淡欲謂之士。
- 第四、離欲謂之僧。
- 第五、貪欲謂之癡。
- 第六、多欲謂之凡。
- 第七、逐欲謂之邪。
- 第八、縱欲謂之狂。

求法之要

現今有許多人喜歡到寺院道場禮佛求福、聽經聞法、參加法會、集會共修。既然發心來參與，如何才能真正得到利益？在此有四項要點，提供大家參考：

第一、以疑心而來，帶信心而去：大部分的人因為「疑心」而接觸佛法。對生命價值、人生意義、因緣果報、命運機緣等有疑問，促使他到寺院去求取解答。佛教不怕有疑問，所謂「大疑大悟，小疑小悟，不疑不悟」，疑問正是開悟的契機。

帶著疑問而來，聽了經，聞了法之後，就要從疑心昇華成信心，以信心替代疑心，不可固守己見，否則像一只倒覆的瓦盆，裝不進任何寶藏，那就可惜了。

第二、以慕道而來，帶悟道而歸：有些人到寺院，是因為信仰佛法，或為瞻仰佛菩薩聖像，或是仰慕寺院道風，而來親炙其采。

李奇茂繪

以慕道之心而來，對佛菩薩、寺院有孺慕之情，是得度的因緣。親近寺院道場之後，要接受教導，要吸收佛法，才能在慕道的基礎上，進一步體悟佛道，才能將佛法變成自己的東西，為自己所用，才能收到佛法的實際效益。

第三、以凡情而來，帶法情而回：如果最初到寺院裡面來，是以凡夫的心情，希望寺院道場的大眾對你重視，對你禮遇，對你客氣，這是凡情。以凡情而來是常人之情，但當你接受佛法的啟示，提起信心道念之後，要一切以法為依歸，帶著法情、帶著信心、獲得啟示而回，才能在生活中真正受用佛法。

第四、以客禮而來，帶主禮而返：通常最初到寺院裡面來上香禮拜、參加法會、共修活動時，都會覺得自己是客人、是來賓、是以執客禮的身分而來。

但是你在拜了佛，參加各項修持活動之後，不該再有做客的心情，而是要以道場寺院主人自居，應有「佛教是我的，寺院道場是我的」的心態，當仁不讓地承當起護持道場、弘法利生的責任，這樣才有意義。

佛教是無私的宗教，佛法是無私的法、是理性的法。拜佛、求佛絕不是迷信，而是心靈安定、精神層次提升的資糧。如果能抱持正確的心態，必定能得到更大的利益。因此，參加寺院的任何活動，務必記得：

- 第一、以疑心而來，帶信心而去。
- 第二、以慕道而來，帶悟道而歸。
- 第三、以凡情而來，帶法情而回。
- 第四、以客禮而來，帶主禮而返。

感應的真義

很多接觸宗教的人，都希望他所信仰的宗教，能給予他感應。比方：生意失敗了，祈禱之後，情況改善了；生活不順利，禮拜之後，順利轉好了。「感應」有時會顯現，例如看到佛菩薩現身，有時是冥應，不一定顯現，比方苦惱、氣憤的時候，心中一念「大慈大悲觀世音菩薩」生起，煩惱、瞋恨、無明就沒有了，這也是感應。所謂：「人有誠心，佛有感應」，到底什麼是感應的真義，有以下四點：

第一、從正見中認識感應。要感應，必須先有條件。比方，鼓敲一下，就會有回應，鐘一敲，就有回響，這就是感應。又例如：天上的月亮只有一個，但只要有水，無論是一杯水、一盆水、一湖水，就會在水裡面顯現。可是如果你這水不清淨，月亮也就顯現不出來。所謂「菩薩清涼月，常遊畢竟空；眾生心垢淨，菩提月現前。」感應不是用求的，在因緣和合下，不用求也會有感應，而沒有感應的人，不能責怪天上沒有月亮，該怪自己的心海不清淨。因此，感應要用正見來認識。

第二、從禮敬中得到感應。信仰不是以物易物，不是用一串香蕉、二顆水果、三炷香拜拜，交換利益條件，就能獲得感應。感應也不光只是祈求，所謂「精誠所至，金石為開」，你必須虔誠禮敬、摯誠頂禮，真心從內心發心、發願，才能與諸佛菩薩感應道交。

第三、從供養中體會感應。供養是一種善美的心意，它不只是物質的奉獻給予，更重要的是吾人身口意的供養。你身做好事，為人勞動、服務；口說好話，給人信心、希望；心香一瓣，祝福別人平安健康，只要誠心正意，這些美好的供養，自然會有感應，回報到你自己身上來。

第四、從慈悲中接觸感應。所謂：「種什麼因，得什麼果」，你種了慈悲的因，當然得到慈悲的果。慈悲就是佛教講的「無我」，因為無我，所以願意助人、奉獻，感到「我對你好就是對我好」，「我幫助你就是幫助我」，彼此融為一體，這怎能不產生愛心呢？有

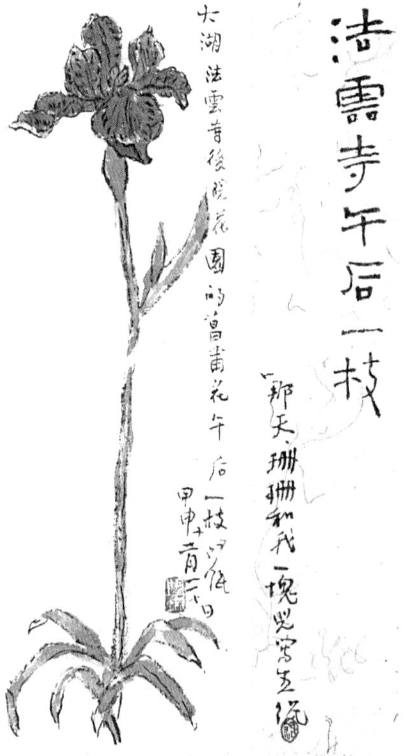

李蕭錕繪

愛心、慈悲，就會有和平。這就是從慈悲中接觸感應。

感應是天地萬物、宇宙眾生間的一種互動、呼應。人間到處都有感應，例如：喝水可以止渴，吃飯可以飽腹，按下開關，電就來了……這些都是日常生活的感應。只要能夠肯定自己是佛，依照佛陀的教法去做，怎麼不會得到佛陀的感應呢？但是，在學佛歷程上，如果凡事都要等佛祖來給我們感應，那也實在太辛苦了！因此，吾人應該從以上四點來看感應的真義，以平常心視之，不強求或耽著留戀，才是正信之人。

第一、從正見中認識感應。

第二、從禮敬中得到感應。

第三、從供養中體會感應。

第四、從慈悲中接觸感應。

朝山功德

朝山是佛教徒至名山大寺，以懺除業障或還願的朝禮行為。很多人歡喜成群結隊到山上寺院朝禮，少則百人，多則千人，隊伍莊嚴威儀，讓人身心都收攝起來。他們為了表達虔誠，有的三步一拜，有的一步一拜，有的一步三拜。其實，朝山也不一定指跪拜而已，你到寺院叢林來，一合掌、一問訊、一獻花、一拈香，都能為心中帶來寧靜清涼，這也是朝山的意義功德。為什麼有這麼多人歡喜朝山呢？歸納有四點原因如下：

第一、廣結善緣：平日大家各有家庭、事業、生活，各忙各的，沒有集會，也沒有什麼往來。藉由朝山活動，大家從四面八方集合在一起，你幫助我、我幫助你，你跟我微笑、我跟你點頭，大家有共同的信念、共同的誠心，為求法而來，結下一分善美因緣。

第二、折服我慢：平常我們總是有所堅持，多少有些慢心，不願輕易向人低頭。但是在

李蕭錕繪

朝山時，不管幾隻眼睛盯著你，你還是五體投地的禮拜，這時候，我慢怎麼會生起？我慢去除，世界宇宙還有什麼容不下的呢？因此，人是拜下去了，心卻謙卑起來、昇華起來了。這時的禮拜、低頭、問訊，與佛接觸，身心自在與寬廣，可以折服我慢，真正解脫煩惱。

第三、消除業障：修行，不外是「隨緣消業，增進福慧」，我們一個人，從過去到現在，心中的貪瞋愚癡、貢高我慢，累積了多少罪業、障礙，若不經一番身心磨練，何能消除？所謂「禮佛一拜，罪滅河沙」，藉由朝山，身心合一，虔誠恭敬，最能啟發清淨心，讓法水洗淨我們污穢、疲憊的身心，就能獲得自在清涼。

第四、增進信心：對宗教的信仰，有時候，光理解是不夠的，必須從行持上，自己體驗了、自己做到了，內心的感受就會不一樣。朝山正可以增進信心、增上道念。好比我們從遙遠的地方，一路走到聖地，如果途中經不起種種考驗，如何能到達？因此朝山，正好是考驗道心和毅力，增進信心、道念的方法。

朝山時，從山下慢慢拜到山上，內心會愈來愈昇華；從外在慢慢拜到殿內，會從注重外在，轉為注重心內；從黑暗慢慢拜向光明，會逐漸遠離煩惱無明，趨向光明智慧。朝山是與佛接心，與佛交流往來，把自己當成佛，以佛的德行自我勉勵，就能與佛相應。

第一、廣結善緣。

第二、折服我慢。

第三、消除業障。

第四、增進信心。

敲打木魚的意義

大家到寺院參訪，經常會看到出家人敲打木魚念經。很多人會讚美木魚的聲音好聽，但更多人好奇：為什麼要用木頭作成魚的形狀，並且拿一隻槌子敲打呢？其實它是有意義的，有四點如下：

第一、有精進的意義：我們看水裡的魚，不管游水或靜止不動，牠是不會閉上眼睛的。佛門以魚的形象，來勉勵大家在修行上，要像魚一樣精進不懈。甚至在魚梆上會寫著「生死事大，無常迅速；珍惜光陰，時不待人」，提醒大家惜時惜陰、努力用功。精進，可以改造自己懈怠因循的毛病；精進，是勉勵自己向上最實際的方法，也是開發潛能的不二法門。因此，我們無論做什麼事，都要效法木魚精進的精神。

李蕭錕繪

第二、有警惕的意義：我們的心經常處在妄念裡，幻想、亂想、白日夢，想一些不切實際的情境。這木魚一敲，透過木魚的聲音，會給你有個警惕，可以把散亂的心、妄想的念頭找回來，叫你不可以胡思亂想，不隨便想入非非，所以它有警惕的作用。不要小看那一槌，歷史上很多禪師，在修行的過程中，有時候，一槌磬聲、一記鐘聲、一棒鼓聲、一槌木魚，「哆！」就是在這麼一個聲音下，一個警惕作用，他就豁然大悟了。

第三、有統一的意義：在誦經時，你念、他念、我也念，你念得快、他念得慢，念得七零八落、參差不齊，不僅不好聽，也會讓誦經的人起心動念，不能專心。這時候，木魚就有統一的作用，它可以把大家的聲音結合起來，隨著木魚的節拍進行，一樣的快慢，好像流水一樣潺潺有聲，也像潮水一樣，一波一波、一湧一湧，那誦經的聲音，就會悅耳好聽，讓人彷彿置身在另一個清涼境界，也令人息下許多雜念。

第四、有攝心的意義：我們的心很容易胡思亂想，隨著境界起落、奔馳，真是所謂「心猿意馬」，像猿猴一樣，跳動不停，一刻不能安住。如何把這顆動盪不停的心，給它安住在木魚的聲音上，讓心不要往別處亂跑，這木魚聲就有攝心一處的作用，它會敲醒迷惑的眾生，提起正念，遠離是非煩惱。

以上四點，可以知道敲打木魚是很有意義的：

第一、有精進的意義。

第二、有警惕的意義。

第三、有統一的意義。

第四、有攝心的意義。

吳金城繪

寺院的功用

在中國，深山裡藏有古剎叢林，城市裡也有寺廟道場。有人說：「建那麼多寺院有什麼用呢？勞民傷財，不如把建寺院的錢拿來建學校。」一般人也以為寺院只是提供信徒集會、誦經、拜懺之用。其實寺院還有很多功用，以下列舉六點：

第一、是善友來往的聚會所。寺院是一個地方的建設，是當地民間集會往來很好的聚會場所。它可以供給社區聯誼、團體開會、喜慶婚喪，促進人與人之間的情感。親朋好友見面、商量、談話，彼此相互交流、幫助。

第二、是人生道路的加油站。人生道路上，常常會有感到洩氣頹唐的時候，假如你到寺院來，禮拜、問訊，得到諸佛菩薩的加持，內心會得到一種鼓舞、動力，好像駕車時，途中有了加油站，為你加足了汽油，你就可以繼續往前開行，走向更遠的人生旅途。

第三、是修養靈性的安樂所。寺院的教化，可以提高一個人的道德、靈性。你到了寺院，無論拜拜、打坐、念佛，或是聆聽晨鐘暮鼓、磬魚梵唱，都是修養靈性的好方法。它可以帶給人心靈上的淨化、精神上的鼓舞、思想上的啟發，對社會人心產生一股道德的自我約束力。

第四、是去除煩惱的清涼地。當你遇到心情煩悶、事業挫折，感到不順遂的時候，一進入寺院，心裡的憤恨不平、煩躁不安，甚至對世間的人事的不滿、不解，都會因為禮拜、靜坐、沉思，得到撫慰、力量和支持，煩惱會緩和下來，內心會感到清涼。

第五、是購買法寶的百貨店。物質生活上的日常用品，可以到百貨公司購買，精神生活上也需要很多的用品，這時候，就可以到寺院裡請益法寶了。比方，瞋恚起來的時候需要慈悲，無明懊惱的時候需要智慧，委屈失意的時候，需要忍耐奮起，紛亂失序的時候需要和諧寧靜……寺院就是一個具足法寶的百貨店。

第六、是悲智願行的學習處。寺院是一個光明、希望的場所。你要學習觀音菩薩的慈悲，文殊菩薩的智慧，地藏

蔡友繪（局部）

菩薩的願力，普賢菩薩的願行，這裡就是最好的地方。只要你走進寺院，從佛像的慈容裡，能得到啟發，從菩薩的教法裡，能得到開解，如同黑暗遇到光明，讓人獲得信心與力量，重新出發。

此外，寺院可以給人掛單住宿，方便行商過旅；寺院殿堂、建築、佛像雕刻、繪畫等，讓人見了心生寧靜祥和，甚至它也像一所學校，是推廣各種文教中心。有人說，社會需要醫院、救濟所，不必建太多寺院，出錢做慈善救濟只是一時，能拯救肉身生命，濟人燃眉之急，但是無法息滅貪瞋癡三毒；可是多建寺院，佛法的布施，造就社會教育普及，人心的教化，淨化心靈，使人斷除煩惱，這才是最究竟的慈善事業。

第一、是善友來往的聚會所。
第二、是人生道路的加油站。
第三、是修養靈性的安樂所。
第四、是去除煩惱的清涼地。
第五、是購買法寶的百貨店。
第六、是悲智願行的學習處。

宗教人的共識

從事政治的，我們稱他「政治人」；從事經濟的，我們叫他「經濟人」；而信仰宗教的人，我們就為他定名「宗教人」。不管是信仰那一種宗教，都必須具備共識，才能算是一個宗教徒，才能稱為宗教人。什麼是「宗教人」的共識呢？以下四點：

第一、以慈悲濟世為宗旨：既以「宗教人」自居就必須做到有慈悲心，要能救濟世間，慈悲濟世，慈悲可說是「宗教人」的宗旨。你看耶穌教的「博愛」，代眾生受苦；觀音菩薩「千處祈求千處應，苦海常作渡人舟」，這都是慈悲濟世的精神。如果沒有慈悲濟世的胸懷，那就失去「宗教人」的立場了。

第二、以共享和平為目標：宗教能給予人間和平安定的力量。各宗教雖然信仰的教主、教義各有不同，但從事的工作，都是要讓世界和平、眾生得度，所有的人都能和平共處。一切的生命都是互相依附、同體共生，不是我打倒你、打倒別人，只有我自己成功就能生存。宗教人所要推動的，就是要讓大家平等，建立人人有共生、共存的共識。

第三、以參與善事為方便：宗教人不要光是守著「我的宗教」，這是自我的設限，自我的執著。只要是對世界和平、造福人群、提升人類心靈有益的善事，宗教人都可以與人為善，熱心參與。好比，現在世界上許多國家都有「宗教同盟」、「宗教促進委員會」，聯合所有宗教，相互尊重，異中求同，發揮更大的力量，淨化人心，穩定社會。

第四、以發揚人性為努力：「宗教人」不但要發揚人性，還要發揚我們的天性、我們的道性、我們的佛性，也就是把我們所謂的「佛心人性」發揮出來。不但愛己、愛人、愛社會、愛國家，甚至愛十方世界一切眾生，那怕一個含靈動物，乃至為了保護一隻鳥、一隻兔子，都可以花多少代價付出。因為生命可貴，在我們的人性裡，都應該受到的尊重。

無論任何宗教徒，發揚光明的行為，創造祥和的世界，這都是我們所共同努力的目標。「宗教人」的共識，有四點：

- 第一、以慈悲濟世為宗旨。
- 第二、以共享和平為目標。
- 第三、以參與善事為方便。
- 第四、以發揚人性為努力。

李蕭錕繪

信仰

有信仰就有希望。信仰如手，能執取眾寶；信仰如杖，能給人依靠；信仰如根，能長養善法；信仰如船，能得渡彼岸；信仰如力，能突破萬難；信仰如財，能生出智慧。信仰帶給人無窮的希望，信仰的好處有四點：

第一、能確定目標：有的人常常感到自己沒有信心，不能確立心中的目標，這是因為他沒有信仰。內心有信仰，信仰一種宗教，信仰一種理論，信仰某種主義，都可以讓生活有個目標。好比泥水匠蓋房子，用水把砂、石、水泥混凝在一起，築砌成一棟堅固的大樓，有了信仰，可以融攝我們紛亂徬徨的心念，讓自己活出自信，確定人生的目標。

第二、能解脫煩惱：人生旅途，總會遇到許多煩惱，有來自社會、家庭、感情、經濟，以及身體的生老病死，心理的愚癡無明等等。世間上去除煩惱的方法很多，但不如

李蕭錕繪

佛法的信仰來得究竟。譬如從佛法中，我們知道貪瞋癡的煩惱，可以用戒定慧來對治；慳吝的人，教他行布施；受到挫折，灰心喪志，可以用因緣觀來對治……。對佛法不疑的信仰，好比病人相信醫生的診斷，而能安心服藥，藥到病除。

第三、能美化生活：信仰能夠影響一個人的生活態度。沒有信仰，生活便沒有立場，遇到問題，總是東問西問，甚至求神問卜，仍然拿不定主意。有信仰的人，對於困難、折磨，會認為是莊嚴人生的必備要件，是邁向成功的礪石，即使被人欺侮，也不會生起瞋恨心。因此，信仰使我們能篤定的生活，相信凡事總有辦法解決，這樣的生活自然歡喜美好。

第四、能安住身心：人生在世，找一個安身立命的地方很重要。讀書的人，把身心安住在書本的知識上；做事業的人，把身心安頓在事業的發展上。雖然如此，但有時內心還會感到茫茫然，若有所失。假如有了信仰，內心就能安穩，好比信佛的人，把身心安住在觀世音菩薩、阿彌陀佛的信仰上，身心一旦獲得安住，遇到任何的困難也就不成為問題了。

一個人出門在外，天色黑了，不知將往何處去，這種無家可歸，徘徊在十字街口的痛苦，是難以忍受的。信仰是人生的終極目標，沒有信仰，生命就沒有依皈，有了信仰，如同有個家，使生命有所依靠。信仰的好處有四點：

- 第一、能確定目標。
- 第二、能解脫煩惱。
- 第三、能美化生活。
- 第四、能安住身心。

對治的方法

佛教《妙法蓮華經》中的〈藥草喻〉說：「一切草木所得不同，各各有所對治。小根小莖小枝小葉，對治也小；中上根對治也大，故名藥草喻。」人亦如此，習氣不同，對治的方法也不同。

「對治的方法」有四點建議：

第一、急躁之人可以舒緩：有一句歇後語說：「事急馬行田——亂

李源海繪

走。」急躁的性格，容易在危急的時刻亂了手腳。又如英國詩人赫伯特所說：「討論的時候要冷靜，激烈的爭論，會使錯誤變成缺點，真理成為霸道。」所以時時提醒自己保持內心平靜，才能看清事情的真相。

情緒急躁的人，平常可以藉由打坐、抄經、觀呼吸、打太極、聽節奏舒緩的音樂等，以增強自我穩定情緒的能力。

第二、敏感之人可以熟思：敏

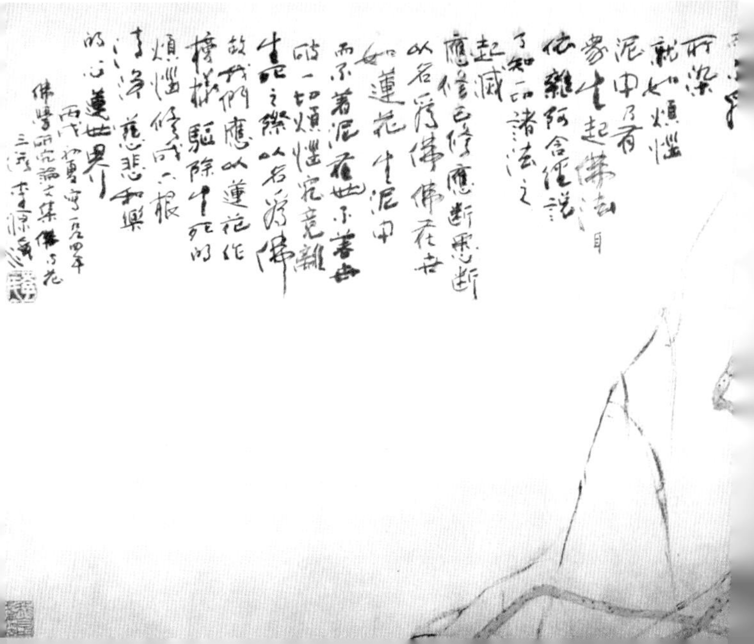

感不一定不好，有的人因此更加善解人意，但也有人對於他人言行過度敏感，大驚小怪、怨天尤人，而陷入焦慮之中，造成人際關係的緊張，影響身心健康。敏感的人凡事應當謹慎思考再作回應，一旦誤判別人的意思，不但擾亂自己的情緒，也惱怒他人。因此，應該努力克服，讓自己和他人都能擁有好心境。

第三、懶惰之人可以勤快：英國詩人米爾頓說：「懶惰是世界最大的奢侈。」水不流動，就會發臭；刀子不磨，就要變鈍；鍋子不刷，則會生鏽；人如果懶惰，腦筋就會變得遲鈍。清朝時期，人民因為沉浸於鴉片，不事生產，造成全國工商業蕭條。所以，懶惰實在罪惡，無以成事，唯有勤勞才能有所成就。

第四、無智之人可以禮敬：一個智慧不足的人，要多與善知識接觸，禮敬善知識。善知識好比是我們呼吸的空氣，一刻都不能缺少。《增一阿含・放牛品》說：「莫與惡知識，與愚共從事，當與善知識，智者而交通。若人本無惡，親近於惡人，後必成惡因，惡名遍天下。」因此，借助善知識的力量，互相砥礪，能啟發我們的智慧。

人有各種不同的習氣，不良的習氣若不予對治，久了可能還會為人詬病。所以，「對治之道」有四點意見：

第一、急躁之人可以舒緩。

第二、敏感之人可以熟思。

第三、懶惰之人可以勤快。

第四、無智之人可以禮敬。

對治之方

待人是一門學問，是一種藝術，待人之道就是：人之所欲，我從善如流；人之所惡，我避而不犯；人之所長，我虛心請教；人之所短，我容而化之。總之，待人之道就是要懂得權巧方便去因應，要有慈悲智慧去對治。關於對治的方法，有六點意見：

第一、人好剛，則我以柔勝之：與人相處，如果對方個性剛硬強烈，我也剛毅正直；硬碰硬的結果，只有兩敗俱傷。所以當對方氣勢高張，態度強硬的時候，何妨「以柔勝之」。只要你和氣、安忍，則「柔能克剛」、「能忍自安」。

第二、人用術，則我以誠感之：有的人好用權術、好使計謀，對於這種人我們不能跟他一樣用權使計，因為爾虞我詐的結果，不但傷神，而且傷感情，不妨以誠心對待，日久必能感動他。

第三、人使氣，則我以理屈之：有的人好意氣用事，動不動發脾氣、動不動就生氣。如果人使氣，則我最好以理來屈服他，所謂「有理走遍天下」，理必然勝於雄辯，有理才能站得住腳。

第四、人行妄，則我以真待之：有的人經常說話虛妄不實，行事狡詐欺騙。對於行為、言論都不真實的人，如果我也虛假以對，彼此就難以相交、相處了。所以儘管別人對我妄語相欺，我還是要以真誠對待他。所謂「真金不怕火煉」，唯有真心待人，友情才能持久。

第五、人多惡，則我以恩對之：「多行不義必自斃」，做人要常存好心、多行善事，才能增長福德。有的人對人常懷惡心，不懷好意，如果我也「以其人之道，還治其人之身」，彼此就是半斤八兩。因此儘管對方行惡，我要施恩於他；能夠以善心待人，就是施人最大的恩惠。

第六、人喜變，則我以定處之：有的人做事如風向球，隨風轉動，變化不定。人喜變，則我以定處之，懂得以不變應萬變，才不會亂了方寸。

人與人之間，只要你能以慈悲善待別人，一定能夠得到善意的回應；只要彼此能多一點尊重、包容，社會必然呈現一片祥和，也就沒有所謂人我紛爭了。

所以如何待各種人等，有六點對治方法：

第一、人好剛，則我以柔勝之。

第二、人用術，則我以誠感之。

第三、人使氣，則我以理屈之。

第四、人行妄，則我以真待之。

第五、人多惡，則我以恩對之。

第六、人善變，則我以定處之。

春天即將帶著她的花兒離去，而我只
能用畫筆寫下她的容顏，寄給永恆
法雲寺的燈籠花
開了

李蕭錕繪

學佛的正見

現在信佛、學佛的人很多，但是正知正見的人很少。假如沒有正見，就好比目標看錯了，方法用錯了，一旦見解錯誤，就是信佛、學佛，還是很難得到利益。學佛的正見有四點：

第一、正見因緣果報：世間上，你可以什麼都不信，但是不能不信因緣果報。所謂緣起，就是說明宇宙人生都是彼此相互關係的存在。萬物的存在，就是一隻小鳥，一隻昆蟲，也要有樹木、花草、泥土做食物；一個人的存在，也需要士農工商供給生活所需，甚至人的身體，也是四大和合所成。所以，你懂得因緣，在世間上做人，就要成就眾生，成就好的因緣，不要破壞、嫉妒，你打倒別人，自己也不能獨存。你懂得因果，就明白一切其來有自，就能自我負責。認識因緣果報，就能認識宇宙的真理，人生彼此相互的關係。

第二、正見善惡業力：能讓我們的生命從過去到現在、從現在到未來，不會散失的，就是業力。業力好像念珠的線，把生生世世串連在一起。無論善惡，都有業力，所謂「善有善報，惡有惡報，不是不報，時辰未到」，學佛修行不能不先把善惡業力認識清楚。你正見善惡業力，就會知道獲得財富，要靠自己勤勞；受苦受難，也不要怨怪別人，不要怨天尤人，必定自己造業，所以有苦難的果報。你正見善惡業力，就會心無恐怖，承擔自己的一切。

第三、正見無常苦空：在這世間，無常是真理，苦是實相，空是究竟的道理，但凡夫一聽到苦、空、無常，就心生畏懼，以為無常是消極，苦就是一切，空是什麼都沒有。其實，空才能有。好比房子不空，如何住人？沒有空地，如何起高樓？宇宙不空，森羅萬象如何存在？眼耳鼻口毛孔沒有空間，人就要死亡。所以，空不但是擁有，更是存在的意思，空，才能擁有萬物。認識空，才能認識宇宙萬有本來的面目。

第四、正見佛道永恆：你認識無常苦空，要求得永恆的生命，就要成就佛道，趨向涅槃。什麼是佛道無你、無我、無生死分隔的「超越觀」是佛道；無自、無他、無怨親對待的「慈悲觀」是佛道；無彼、無此、無人我差別的「緣起觀」是佛道；無私、無欲、無利害得失的「平等觀」是佛道。體證佛道的人，沒有老死，沒有生滅，生命的光輝能臻於永恆。

有了正見的智慧，對於是非、善惡、真偽，才能做正確的思惟判斷，發諸於身口意才有正確的行為，而不至造下三塗之因，自然免受五趣輪迴

吳金城繪

之苦。

《雜阿含經》卷二十八說：「假使有世間，正見增上者，雖復百千生，終不墮惡趣。」學佛正見的重要，由此可見。

- 第一、正見因緣果報。
- 第二、正見善惡業力。
- 第三、正見無常苦空。
- 第四、正見佛道永恆。

何謂善知識？

我們一個人從小到大，經常需要別人的話來引導。好比最初幼稚園階段會說：「我媽媽說」；到了小學：「我老師說」；中學的時候：「我朋友說」；到了大學變成：「我女朋友說」、「我男朋友說」；乃至進入職場，也有同儕、主管、長官的指引等，可知別人對我們的影響很大。因此佛教裡說，選擇「善知識」就很重要了。

善知識是指一個正直有德，能教導正道的人。他能夠開導別人，可以開示別人，能可以帶動他人的成就。成為善知識要具備那些條件呢？有以下四點：

第一、要教導後學。每個人都可以是善知識，無論你是老師、父母、兄長、主管或朋友，做為善知識，必須自己先具備教導後學的能力。例如自己慈悲，才能教人慈悲柔軟；自己布施，才能教人布施的真義；能夠明理，才能導人走上正道。你可以先把自己教導後學的能力養成，就能做一個以身作則的善知識。

第二，要宣揚真理。真理能阻擋愚癡的邪風，真理是解脫煩惱的慈航。做為一位善知識，要能講說真理給人明白，讓人具足正見，去除迷惑。但宣揚真理時，也必須要有智慧巧妙，不能勉強而說，隨意而說，能夠符合時間、空間、心理，才能將真理讓人明白瞭解。

第三、要隨機演說。所謂：「隨機應變、觀機逗教」，作一個善知識，要能懂得觀察根基。世間萬物都有理和事兩個層面，有的人只有講理沒有講事，太抽象、太玄妙，不容易懂得；有的人只講事，不說理，又不

能深入，不能使人心領神會。最好「事」要「理」來作根據，講「理」時，要有「事」來作比喻；能夠對機演說，「事理圓融」，才能為人所接受。

第四，要方便度化。要別人接受我們的意見，不能老是用責罵的方法，也不一定用教訓的方式，或疾言厲色的態度，就能讓別人跟隨我們學習，接受我們的看法。你要有方便化度的慈悲與智慧，讓他感到如沐春風，感到受到尊重，他的心地柔軟了，自然能接受你的教化。

楊鄂西繪

此外，身為善知識，你要給對方信心、希望，甚至也要讓他服氣你。像現在許多父母教導子女，子女不服氣，不願聽話，老師教導學生，學生不想聽話。他能聽進到什麼程度，大多是與他比較接近、比較有因緣的人。所以，善知識的方便善巧就很重要了。

以下這四點是成為一位善知識的條件。

第一、要教導後學。

第二、要宣揚真理。

第三、要隨機演說。

第四、要方便度化。

隨喜的功德

普賢菩薩有十個修行大願，其中一個叫「隨喜功德」。修行隨喜功德，與禮敬諸佛、稱讚如來、廣修供養等有著同樣的重要功德，我們隨喜讚歎他人的成就好事，如同禮拜、念佛、誦經一樣，都是了不起的修行功課。什麼是隨喜？別人出錢作公益，我多少幫一點忙；別人作了好事，我樂見其成；別人有成就，不起嫉妒的心，隨口說些讚歎的好話；別人失意，不幸災樂禍，隨口說些鼓勵的話。隨口說些好話，隨手做些好事，隨心幫助他人，都是隨喜。隨喜有什麼功德呢？

第一、如香遍滿堂室：一個人靠化妝、灑香水得來的香氣，僅是短暫的、局限的。我們經常養成隨喜他人，所散發出來芬芳氣質，就會充塞著所處的空間，讓你周遭的人都能聞到，亦如你讚美別人地讚美你、歡喜你。

第二、如炬普照十方：願意讚美別人、隨喜別人，喜歡顯揚他人的善美，你的人格道德就會像光亮的火炬。肯隨喜他人者，不障礙不為難他人的成就，不諷刺不打擊他人的努力，這樣的人格是世間的榜樣，就如同太陽的光亮普照世間。

第三、如種一能收百：隨喜他人，就像打回力球，你隨喜他人多少功德，就有多少人回頭來讚美你、隨喜你的功德。就如同我們在山谷中大喊「你好」，四面八方都回聲對你喊「你好」。因此，願意隨喜他人功德者，所獲得的善性循環，就如同種一而收百。

第四、如月映現千江：天上的月亮雖只一個，但在地上只要有水之處，不管是江、海、河、湖、溪、井，甚至僅是小小的盆、碗、杯盞，月亮都會映現在其中。我們肯隨喜他人，清淨品格的映現也如同這清涼月，隨處映現，就如千江有水千江月。

普賢菩薩發隨喜功德的願，佛陀也常常讚美隨喜的功德。隨喜是最占便宜的修行法門，只要養成幫助他人的性格，隨時給人歡喜、給人方便，就是很大的功德了。常人見他人有善喜，嫉妒容易隨喜難，就是不知隨喜有這麼大的功德。提供隨喜的四個好處，希望大家都擁有隨喜的性格。

第一、如香遍滿堂室。

第二、如炬普照十方。

第三、如種一能收百。

第四、如月映現千江。

不淨之因

衣著雖舊，洗得乾淨，穿起來仍令人舒坦自然；房舍雖老，窗明几淨，住起來仍讓人心曠神怡。女孩子，雖無閉月羞花之貌，將自己打理得整齊，仍可落落大方；家居，雖敝衣茅廬，無湖光山色，只要淨潔，仍會讓人猶處人間勝地。因此，無論居家、儀容，或是心地，只要清淨，比華美更讓人起歡喜心。即是如此，為什麼還會有蓬頭垢面、心地混濁的時候呢？提出四點：

第一、家居不淨是因怠惰：舍宅不乾淨，最大原因在於主人怠惰，沒有養成隨時清理住處的習慣。桌椅任它自擺放，門窗任它自蒙塵，盆栽任它自生滅，廚房鍋碗瓢盆，用完不順手收拾，或招引蟑螂、或老鼠同居，如何能有清淨的家居？因此，居家要清淨，一定要以勤勞代替怠惰。

第二、容色不淨是因疏懶：古代的人，媳婦清早起來，沒有梳妝，不能出來見公婆；男子沒有正衣冠，就不出現外人面前，這些規矩，是禮貌，也是自重。現代許多人，由於疏懶，邋邋遢遢地就出現他人面前，男士鬍鬚不刮，邊幅不修，女士板著一張臉，披頭散髮，不僅未具禮儀，也顯得沒精神。因此，若想留給他人容色光鮮的好印象，就要改進疏懶的毛病。

第三、施捨不淨是因慳貪：布施是去除貪念的最好方法。然而布施得不到功德，是因為布施的心理不清淨。你希求別人感謝報答而行布施，為了得到好名聲而行施，或是求好果報而行施，這樣有條件的布施，還是出自慳貪。最如法的布施，是無相布施，沒有施者、沒有施物、未見受施者，能作到無相布施，才是真正清淨的布施。

第四、修行不淨是因放逸：有些人念一輩子的佛，撥斷數條念珠，也無法達到一心不亂；有人參了一輩子的禪，坐破數個蒲團，也未能得到參禪三昧。原因何在？心中雜念、妄想太多了。一般人以為，形體上的放鬆懈怠是放逸，其實修行人，你放任自己妄想紛飛、心猿意馬，更是大放逸。因此，修行要清淨、得力，一定要改掉放逸的習氣。

以下四點關於居家、儀容、修行不淨的原因，希望能給大家警惕作用：

- 第一、家居不淨是因怠惰。
- 第二、容色不淨是因疏懶。
- 第三、施捨不淨是因慳貪。
- 第四、修行不淨是因放逸。

瞋恚的過患

所謂「一念瞋心起，八萬障門開」，在佛教裡，把瞋恨心比喻成火，瞋恨之火能燒功德之林；瞋恨也如同刀和劍，能傷害我們的慧命。在《法苑珠林》裡，記載瞋恚的過患有六點：

第一、因瞋恚而失善法：《佛遺教經》說：「瞋恨之害，則破諸善法，壞好名聞，今生後世，人不喜見。」本來做好事，是善法，但因懷著瞋恨心，就不是善法了。例如布施是好事，但是如果不歡喜的說：「給你，拿去！」，如此「不食嗟來食」的態度，讓布施的功德一下子就喪失了。

第二、因瞋恚而墮惡道：瞋心之害過於猛火，如提婆達多雖然也很認真修道，不過他太沽名釣譽，嫉妒佛陀的威德，對佛陀懷著不平、瞋恨之心，甚至不擇一切手段要陷害佛陀，因此犯了五逆重罪，招感墮入地獄之苦果。

第三、因瞋恚而造惡口：當瞋恨心生起時，我們往往忘記自己的修養，也不顧自己的風度，如汽車拋錨了，大罵汽車氣死人；咒罵車船誤時，怨怪飯菜不合口味；對自己所愛的親戚朋友反言相譏，甚至把看病救命的醫師也都告到法院去；可見我們內心一有氣憤，首先犯下的就是口業。

第四、因瞋恨而喪法樂：瞋恨之心令我們喪失理智，如過去有一個高中男孩，期待在他畢業典禮那天，能收到父親給他的畢業禮物一輛新車，但是回到家，只見父親手裡拿著一本聖經，這男孩怒氣充塞心中，二話不說掉頭就走。離家三十年，直到父親的喪禮才回來，他赫然發現父親所有的愛心包括購車的支票，就夾在聖經裡面，青年後悔萬分，卻已無補於事。一念瞋恨心，義理人情都不顧，當然更享受不到那份美好喜樂了。

第五、因瞋恨而竊善心：有道是「愛之欲其生，惡之欲其死。」平時相愛的夫妻，一旦生氣的時候，反目成仇，恨不得他早一點死。當一個人瞋恨心生起時，他就沒有了世界，沒有了朋友，沒有了親人，沒有了自己。所以瞋恨就像盜賊一樣，會竊取善心，讓我們失去一切。

第六、因瞋恨而遭禍患：今天的社會，有時候會因為你用不好的眼色看人一眼，別人就會捅你一刀，給你一拳。也會因為瞋恨，隨便罵別人幾句，而引來報復等各種禍患。

古德云：「向前三步想一想，退後三步思一思，瞋心起時要思量，熄下怒火最吉祥。」如果想要消滅內心瞋恨的火焰，必須用慈悲的法水讓它柔軟，否則只有讓瞋恨之火燒身，讓瞋恨之氣壓榨。瞋恚的過患有六：

第一、因瞋恚而失善法。

第二、因瞋恚而墮惡道。

第三、因瞋恚而造惡口。

第四、因瞋恨而喪法樂。

第五、因瞋恨而竊善心。

第六、因瞋恨而遭禍患。

黃光男繪

何謂禪？

佛教常常鼓勵人要參禪，其實「禪」並非佛教所專有，禪是每一個人的心。我們每個人都有一顆心，當然也就應該每一個人都有「禪」。「何謂禪」？有四點說明：

第一、搬柴運水是禪：禪不是「眼觀鼻，鼻觀心」，禪不是只在蒲團上打坐，不是所謂的「老僧入定」才叫做參禪。禪是在生活作務中，舉凡搬柴運水、勞動服務，當下就是禪。你能夠從勞動服務裡，把工作的巧妙做出來，把工作的意義體會出來，把工作的耐煩培養出來，這就是禪，所以搬柴運水都是禪。

第二、行住坐臥是禪：禪是靜坐，禪也是活動。有時候參禪打坐是禪，經行跑香也是禪，甚至於吃飯睡覺，都可以參禪。每天在衣食住行、行住坐臥之中，能夠把心安住在當下，不為外境所動；能夠不動心，生活裡就有禪。所以，穿衣是禪、吃飯是禪，能夠把心安住在禪的生活裡，所謂「平常一樣窗前月，才有梅花便不同」。生活中有了禪，生活的味道就不一樣了。

第三、方便靈巧是禪：禪不是刻板的，不是呆坐的，禪不是墨守成規。禪是活潑，是幽默，是方便，是靈巧；有方便、有靈巧才是禪。像過去古代的禪師大德，他們揚眉瞬目、舉手投足都是禪，甚至於一言一行、一思一想無非中道，一草一木、一沙一石無非禪心。所以只要我們有了禪心，再看世界、看自然、看萬象，一切都充滿了禪機，充滿了妙趣。

第四、逆來順受就是禪：在我們的生活裡面，不是順境，就是逆境。

李蕭錕繪

對於順境、逆境，如果都能保有一顆「如如不動」的心，其實那個就是禪。你能把如如不動的心，用在紛紜擾攘的現實生活裡嗎？能夠的話，那你就是懂得禪了。

禪是什麼？禪是修行，禪也是生活。能夠從生活中體會禪悅法喜的修行，才是真修行，這也是人間佛教所提倡的修行。所以，「何謂禪」？

第一、搬材運水是禪。

第二、行住坐臥是禪。

第三、方便靈巧是禪。

第四、逆來順受是禪。

處事禪心

有人的地方就有事，有事必然有是非，是非雖然起於人我，但只要我們懂得照顧好自己的心，就不會被是非所困擾。所以處事要有禪心，要懂得以有限的生命來追求無限的永恆，不要在小小的人我是非上計較，浪費了大好的人生。處事的禪心，有四點：

第一、橫逆來時，要能不怨不尤：人生的際遇，難保一生都是一帆風順。當遭逢逆境的時候，我們怎麼辦？要不怨不尤。所謂「明白因果，就不怨天；了解自己，就不尤人。」但是有一些人只要稍有不如意的事，就上怨天、下怨地，內怨父母眷屬，外怨朋友師長。怨天尤人顯示自己脆弱無能，所以一個有修養、有能力的人，遇到橫逆的困境時，絕不怨天尤人，怨天尤人只會更加壞事。

第二、病苦來時，要能不驚不怖：人吃五穀雜糧長大，生病是難免的。但是一般人都害怕生病，所謂「英雄只怕病來磨」，佛教講「修行人要帶三分病」，有時身體上有小小的病痛，反而能增長道心，成為學佛的增上緣，重要的是心理要健康。所以當病苦來時，要能正見身體是四大五蘊和合而有，能夠如《般若心經》所說：「照見五蘊皆空」，自能度一切苦厄，自能不驚不怖，自能遠離顛倒夢想，自能解脫自在。

第三、譏謗來時，要能不辯不苦：俗云：「不遭人嫉是庸才」，在娑婆世界裡，大凡有所作為的人，難免都會遭到譏諷毀謗，即使

午眠一覺

李蕭錕繪

佛陀也曾受到提婆達多的迫害，耶穌也曾被弟子出賣。所以當我們被人詆譭、中傷的時候，要緊的是不辯解、不為所苦。所謂「是非止於智者」，只要自己行得正、站得直，儘管別人如何嘲諷譏謗，那是他自己心中是牛屎，只要你是智者，必能不為所動。

第四、榮寵來時，要能不驕不慢：人生最大的失敗是驕慢，驕慢必生禍。因此當一個人受到極度榮寵的時候，千萬不可恃寵而驕，因為世間事往往禍福相倚，當成功時也可能暗藏失敗的陰影，因此不但要「勝而不驕」，而且要「遇榮寵事，置之以讓」；懂得「寵甚而思以慎」，則位自固。所以做人要懂得虛懷，要如大地之謙卑，才能承載萬物，才能成就萬事。

每個人內心都有一樣比黃金鑽石更寶貴的東西，那就是人人本具的佛性。佛性，用比較淺顯易懂的字眼表達就是「禪心」；用禪心安頓順逆境界，自能時時自在。關於處事的禪心，有四點：

第一、橫逆來時，要能不怨不尤。

第二、病苦來時，要能不驚不怖。

第三、譏謗來時，要能不辯不苦。

第四、榮寵來時，要能不驕不慢。

何謂禪心？

每個人都有一顆心，善美的心有好心、善心、慈心、慧心、道心等。除此之外，我們應該進而要有「禪心」。何謂禪心？有四點意義：

第一、你我一體的心叫做禪心：人，所以會有紛爭，就是因為「你、我」的關係不協調。如果將人與人互換立場，彼此將心比心，甚至把「你」和「我」看成是一體，「你」、「我」的關係是榮辱與共、休戚相關，是同甘共苦、不分彼此，即所謂「無我相，無人相，無眾生相，無壽者相」，如此就不會有人我的糾紛與不滿了，所以「你我一體」的心叫做禪心。

第二、有無一如的心叫做禪心：世間上，有的人凡事求多、求好、求擁有；但也有的人刻意遠離名利，躲到深山裡隱居。為什麼？因為他要體會「無」的世界，在「無」的裡面感受無名、無利的逍遙自在。但是，真正的菩薩道，雖不執著「有」，但也不要太躲避世間上的「有」，而刻意去尋找「無」。我們應該做到即使「擁有」，但不執著，而且能隨緣隨喜的瀟脫自在，這就是「有無一如」的禪心了。

第三、包容一致的心叫做禪心：心，是宇宙，心，是虛空。世間上，任何東西都包涵在虛空裡，虛空沒有嫌棄渺小者，所以虛空很大。俗語說：「氣度蓋人，方能容人；氣度蓋世，方能容世；氣度蓋天地，方能容天地。」我們能夠包容異己的言論、包容不同的國家、包容不同種族的人，如此才能擴大自己的心胸。一個人如果有開闊的人生觀，必能開展涵容天地的成就，所以「包容一致」的心叫做禪心。

第四、普利一切的心叫做禪心：我們對父母孝順，這是天經地義的孝心，對兒女的關心，這也是理所當然的慈心。但是，我們要更擴大對一切有情的愛，如清朝李毓秀原著，賈存仁改編的《弟子規》所說：「汎愛眾，而行仁」。能以孝順父母、慈愛兒女的心，來關心天下的一切眾生，如此對眾生的付出自然無慳吝、無計較；能以眾生之樂為樂，以眾生之苦為苦，如此不但能長養心量，更能提高自己的慈悲心。所以，「普利一切」的心叫做禪心。禪是自我的訓練，時時觀照念頭，假以時日，內在的世界寬廣了，自然能放下人我是非。因此，何謂禪心？有四點：

第一、你我一體的心叫做禪心。

第二、有無一如的心叫做禪心。

第三、包容一致的心叫做禪心。

第四、普利一切的心叫做禪心。

禪的譬喻

自古以來，談禪者眾，但許多人並不能完全了解其中的真義，以為「禪」是外相上要「如如不動」，心念上要「萬念不生」，甚至有人參禪參得如槁木死灰般，以為那樣才叫做「禪」。其實「禪」就是我們的心，禪很美，禪很真，禪很善，禪是無限，禪是自然。以下四點看法：

第一、禪，有如山泉清流：你認識禪嗎？禪像山林裡潺潺山泉，又像涓涓溪流，它渾然天成，不假造作，它自然而流，不帶勉強。世人皆說流水無情，流水真是無情嗎？禪家卻云：「溪聲盡是廣長舌。」你看，淙淙清泉，山窮水盡處，它百轉千折，卻隨緣安然，任運逍遙；它澄澈見底，而甘純清淨，可以滌人俗慮。

李重重繪

第二、禪，有如銀雪潔白：雪，富有晶瑩的特性，雪，給人潔淨的感覺。禪，像銀白的雪一樣清淨，沒有雜染；禪就是這樣，沒有歪曲、掩飾。

第三、禪，有如圓月光明：禪如天上圓月，光明卻不鋒芒，柔和卻不矯情。它遍照山河，沒有偏私；它展現圓滿，沒有隱藏。

第四、禪，有如空山寂靜：

唐朝詩人王維〈鹿柴〉詩云：「空山不見人，但聞人語響，返景入深林，復照青苔上。」禪就像這樣。

空山寂靜，好像大地不存在了，樹木草花，卻蘊含無限生機；不見一人，但聽而不聽、不聽而聽；聲而無聲、無聲而聲，「大音希聲」卻充塞其中，那就是禪。

《佛光菜根譚》云：「有禪，就像有花朵，能芬芳香郁；有禪，就像有山水，能美化環境；有禪，就像有油鹽，能增加百味；有禪，就像有陽光，能照古鑑今。」禪是什麼？一幅山水畫，放在客廳裡，就能增添客廳美好的氣氛；煮菜的時候，放一點油、加一點鹽，就能讓食物變得美味；一盆美麗的花朵，放在窗台上，就能在煩亂的生活中，讓人賞心悅目。

我們做人、說話、做事也要學習有一點禪味。過去許多畫家、詩人，甚至現代的太空人，上太空前，都要去學禪，為什麼？就是要在禪裡面，能安身立命。

禪是什麼？其實就是你自己，就是你的心。

提供以下幾點禪思，讓你參考：

- 第一、禪，有如山泉清流。
- 第二、禪，有如銀雪潔白。
- 第三、禪，有如圓月光明。
- 第四、禪，有如空山寂靜。

李蕭錕繪

禪機

一般人在日常生活裡，幾乎都是被別人牽著鼻子走，失去了自主性。因為別人一句話，左右了自己的喜怒，那裡有自我？因為別人一個眼神，影響著自己的情緒，那裡能自在？甚至久遠以前的一句話，為何老在心中「過」不去？那就是因為生活中沒有禪。

有了禪，可以把我們的煩惱妄想止於無形；一句難堪的言語、一個尷尬的動作、一段不悅的往事，在禪的灑脫、幽默、勘破、逍遙之中，一切都會煙消雲散。因此，如何讓生活中充滿禪機，有四點：

第一、應對要講禪話：有的人不管走到那裡，都像一陣春風，能讓沉寂的大地復甦，能讓冷漠的心靈活絡。

究其原因，主要是因為他講話幽默、機智、風趣，能夠帶給人歡喜、信心、希望，這就是禪話。因此，我們和人應對，除了注重應有的禮貌以外，還要講一些禪話，也就是講一點慈悲的語言，講一點給人歡喜的語言，講一點真、善、美的語言，千萬不要讓自己講出來的話粗俗不堪，那就不是禪話了。

第二、來往要聽禪音：有一些人閒來無事，專門好打聽別人的隱私、好傳是非、好聽一些閒言閒語，讓自己成為是非人，實在可惜。其實世間諸法，都是對待之法，如來去、上下、有無、生滅、大小、內外、善惡、好壞等。吾人妄心，終日就在這些對待法上起種種分別，時而這樣，時而那般。若能心不隨意轉，則「隻手之聲」，皆美妙無比，這就是禪音。

第三、工作要做禪事：人每天少不了要工作，工作就是要做事情，我們要做什麼事情呢？要做禪事！諸如有利於國家、社會、大眾的事情，就叫做禪事；乃至禪門裡，「搬柴運水無非是禪」；吃飯、睡覺也都是禪。只要能自利利他、自覺覺人、自度度人的事情，都是禪事。

第四、修行要用禪心：人，應該要有宗教信仰，有信仰才有目標，有信仰心中才有主。不過更重要的，每個人都要有自己的修行。如何修行？就是要有一顆禪心。禪心就是包容的心，禪心就是平等的心，禪心就是感恩的心，禪心就是自我要求、自我慚愧的心。一個人能用禪心去體會世間人生，將我們的菩提心、般若心、禪心參究出來，人生才會更加美好。

李蕭錕繪

禪，沒有形式，沒有語言，更沒有文字，其中奧妙不便說破，端看個人心領神會，心心相印。但只要一心參禪，必可淨化人心，找到自我。所以，如何體會禪機妙趣？有四點看法：

第一、應對要講禪話。

第二、來往要聽禪音。

第三、工作要做禪事。

第四、修行要用禪心。

禪觀的世界

佛教講「十法界」，人有人的世界，天人有天人的世界，地獄、餓鬼、畜生也有地獄、餓鬼、畜生的世界。不但「六凡四聖」各有各的世界，甚至同樣是人，每一個人的世界都不一樣。有的人眼裡只有金錢，他就把自己安住在金錢的世界裡；有的人心中只有愛情，愛情就是他的世界；有的人生命中只有功名利祿，所以一生都在功名利祿的世界裡奔波忙碌。其實，客觀的世界都一樣，只是各人的心境不同，讀書人有讀書人的世界，禪者也有他的禪觀世界。「禪觀的世界」是什麼樣的境界呢？有四點說明：

第一、是剎那的，也是永恆的。在禪觀的世界裡，剎那不算短，劫波不是長。所謂「一念三千」，剎那之間的一念，具足了三千大千世界，一剎那之間就是無量阿僧祇劫，就是永恆。因為在禪者的世界，泯滅了大小、有無、長短、遠近、你我、自他的對待，在禪者的世界裡，一即一切，他把法界一切都融匯貫通了，因此剎那即是永恆。

第二、是渺小的，也是偉大的。「一花一世界，一葉一如來」，在禪觀的世界裡，一花一葉、一沙一石，都是無邊的法界。所謂「須彌納芥子，芥子藏須彌」，一般人認為渺小的芥子都能藏須彌，所以禪者的世界裡，是渺小的，也是偉大的。

第三、是煩惱的，也是菩提的。一般人認為煩惱是煩惱，菩提是菩提，其實「煩惱即菩提」，沒有煩惱便沒有菩提可得。就如還沒有成熟的鳳梨、柿子，很酸、很澀；但是經過風吹日晒，以及霜雪雨露的滋潤，當它成熟以後再吃，好甜！甜從那裡來？就是從酸、澀而來。所以，是煩惱的，也是菩提的，菩提不是有另外的別處可求，只要我們把煩惱一轉，就如同

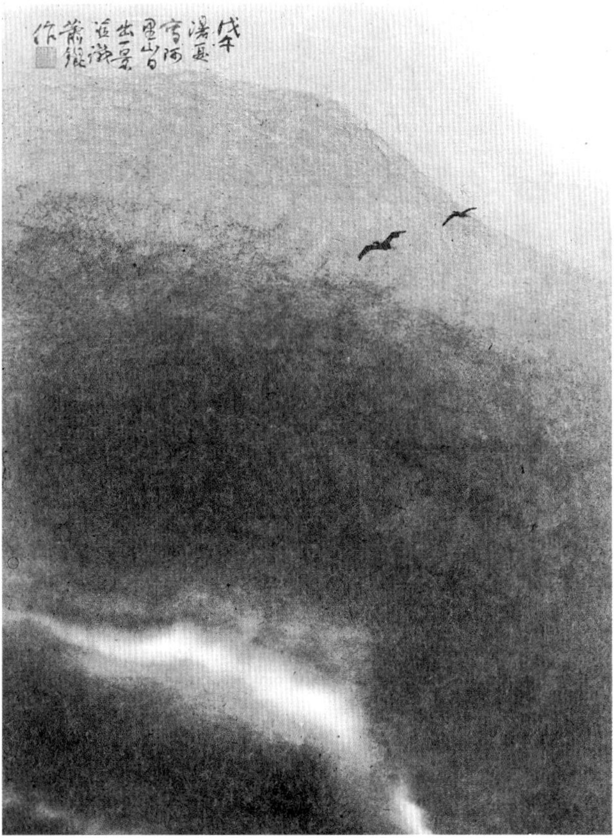

李蕭錕繪

轉酸澀為甜蜜一樣，煩惱自然可以化為菩提。

第四、是生死的，也是涅槃的。生死是人生的實相，有生必然有死。一般人害怕談死，其實死並不可怕，因為真正的生命是不死的，死亡朽壞的只是身體，我們的真如自性，法身慧命沒有生死。所以禪者的境界裡，生命是永恆不死的，永遠在涅槃裡，永遠如如不動，這才是真實的生命。

禪，是超越對待的，是平等一如的，在禪者的見聞覺知裡，沒有長短，沒有大小，沒有淨穢，沒有生滅，所以「禪觀的世界」有四點：

- 第一、是剎那的，也是永恆的。
- 第二、是渺小的，也是偉大的。
- 第三、是煩惱的，也是菩提的。
- 第四、是生死的，也是涅槃的。

禪的真理

真理有普遍的、必然的特性，真理是每個人希求的目標。禪者就是追求真理的人，禪師因為體證到真理，領悟到自家的本來面目，認清生命真實的世界，所以能灑脫自在。禪的真理是什麼？

第一、大中有小，小中有大：一般來說，大中有小，可以理解，但小中有大，怎麼可能呢？人的腦袋很小，但許多人學富五車、讀破萬卷書，這些都在腦子裡。有智慧的人，可以從一粒小沙子，看到整個世界；佛教的「一念三千」，一個念頭，就包含了三千大千世界；華嚴宗的「因陀羅」境界，每個世界遠近大小，都是光光相照，彼此輝映，就是你中有我，我中有你，小中有大，大中有小。

第二、同中有異，異中有同：同與不同，看似兩邊，其實是彼此相容的，好比同樣是軍人，分為陸海空各種兵種，共同保護國家；禪者在同中容許有異，在異中容許有同，彼此尊重，相依共存。《宏智禪師廣錄》裡寫道：「同中有異，功亡就位；異中有同，在位借功。」雖然方法、技巧各有不同，只要彼此在理想、目標上一致，就能「異中求同，同中存異」，彼此相互成就。

第三、動中有靜，靜中有動：有的人能動不能靜，有的人能靜不能動。禪者的訓練是「靜中磨練，動中養成」、「靜如處子，動如脫兔」，在動的時候，身忙心不忙，在寂靜的時候，心中仍然具有熱誠。動與靜的配合，好像「雲以山為體，山以雲為衣」的境界，又如宋儒程灝說：「動亦定，靜亦定，無將迎，無內外」，在靜中有活潑的舉止，在動中有寧靜的力量。所以人生要能動能靜，動靜一如，動中有靜，靜中有動。

第四：空中有有，有中有空：「空」，好像是一無所有，但虛空卻能包羅萬象。其實，要空才能有，空掉「迷」的執著，才能裝得下「悟」的真理。好比茶杯空了才能裝水，皮包空了才能放錢，乃至鼻子呼吸，耳朵聞聲，嘴巴嚼物，腸胃納食，不都是「空」了才能「有」嗎？禪的世界，是真空不礙妙有，妙有不礙真空，空中有有，有中有空。

禪的真理有四點：

第一、大中有小，小中有大。

第二、同中有異，異中有同。

第三、動中有靜，靜中有動。

第四、空中有有，有中有空。

禪的修行

修行有各種法門，有人歡喜念佛修淨，有人專心持咒修密，有人則好打坐參禪。尤其在現代社會，禪的修行更引起普遍的重視與歡迎，它除了幫助我們消除煩惱、安頓身心、開發潛能等種種功用外，主要參禪有四點意義：

第一、肯定自我：所謂「丈夫自有沖天志，不向如來行處行」，一個禪師，他不依聖言量，不拾人牙慧；他直指本心、見性成佛。他是一種「心行處滅、言語道斷」，泯除一切世俗名言框架的瀟灑自在，是一種「任憑天崩地裂，且奈我何」的自我肯定。

第二、坐斷乾坤：禪的修行就是要把山河大地、乾坤宇宙都放在自我的心中，把自己融到無限的時空裡去。他把將遷流動盪的身心與虛妄不實的外境，全都消溶了，所謂「乾坤容我靜，名利任人忙」，把無礙的本心，跨越到無盡的虛空中，不再為世間、名利、人我所束縛。

第三、大死一番：禪能夠讓我們從煩惱裡解脫，從生死裡超越。所謂「世事紛紛如閃電，悲歡離合多勞慮」，人活在滾滾紅塵裡，難免要面對種種人事、身心上的紛擾折磨；一個參禪者為了勘破無明、成就道業，能夠禁得起煩惱的烈火焚燒與人事的千錘百鍊，必能在思想上、觀念上大死一番。

第四、方便權巧：參禪的人要有方便、要有善巧。所謂法無定法，能隨機應變才是大用。一休和尚的「做女婿」，權巧挽救一條自殺的生命；仙崖禪師大喊「快來看，殺人了」，巧妙化解一場激烈的爭吵。懂得禪的方便權巧，懂得禪的運用高妙，自然能泯滅一切塵埃，流露無限慈悲，無限禪機。

禪的修行不是「三冬無暖氣，枯木倚寒崖」，也不在「眼觀鼻、鼻觀心」而已。有了禪，就不會斤斤計較於五欲塵勞；有了禪，生活就可以充滿生命力。禪不是佛祖的，禪是每一個人的；禪也不一定打坐，行住坐臥都可以修禪。先學禪，要有靜的時間，人忙心不忙，事多心不煩，每天有十分鐘沉靜的修養，自然懂得功用。禪的四點意義，提供吾人參考。

- 第一、肯定自我。
- 第二、坐斷乾坤。
- 第三、大死一番。
- 第四、方便權巧。

禪者的風範

現在的社會，一般人都希望在忙亂的生活裡，能有禪的修養。因為，禪，可以幫助人寧靜致遠；禪，可以幫助人明心見性；禪，可以穩定心靈，讓人不受外境影響，任何時刻平靜安詳；禪，可以增加勇氣，讓人提起希望信心，擁有再出發的力量。然而，一位禪者的風範是什麼樣子呢？以下四點：

第一、自食其力維持生活：一個禪者，他不是要靠人家來養他，不是靠人家來維護他，他有獨立的性格，獨立的生活原則。所以過去的禪者，他不貪圖利益供養，他自耕自食，一錢、兩錢就可以維持生命。好比，百丈懷海禪師「一日不做，一日不食」，普願禪師在南泉山挑水煮飯三十

李蕭錕繪

年，很多禪師都在彎腰劈砍、直身挑擔之間開悟了；而現代禪者，也要有一份正當的工作、務實本分，不懶惰、不依賴，從自食其力的生活中，成就修行的道糧。

第二、不宣說自我的成就：有很多人自我標榜、自我宣傳、自我誇張，這都不是禪者的風範。真正的禪者，處事沉穩低調，縱然在禪修上有所體悟，有所慧解，有所成就，他也不肯告訴你。例如溈山靈祐禪師不肯告訴香嚴智閑禪師「什麼是父母未生前的本來面目」，智閑開悟後，沐浴焚香，感謝靈祐禪師的不說破。所謂「如人飲水，冷暖自知」，禪，是自己去心領神會的，而不是宣說自我成就的。

第三、修福修慧感恩知足：一個禪者，他不是空洞的證悟，或是自了自足就完成修行了。在他的生活裡，還是重視修福修慧，對世間成就他的修行因緣，感恩知足。因此，他擴大自我，行佛之所行，做佛之所做，發願回向一切，日子也就過得其樂融融。

第四、重視師承樹立家風：從佛陀「拈花」，大迦葉尊者「微笑」

開始，禪就代代相傳至今。一個禪者，他非常重視老師的傳承，因為他的禪法都是從老師那裡得到傳承，從老師學到身教，學習家風的樹立；所謂「一日為師，終身為父」，禪者不忘根本，因此維護法脈綿延數千年。

「一日修來一日功，一日不修一日空」，禪者將生活簡單化、單純化，所以從言談舉止，可以感受他的禪風道氣，流露的真心、真情、真實、真義，是會感動人的。

禪者自在灑脫的風範，從以上這四點可以看出。

第一、自食其力維持生活。

第二、不宣說自我的成就。

第三、修福修慧感恩知足。

第四、重視師承樹立家風。

觀自在菩薩行深般若波羅蜜多時照見五蘊皆空度
一切苦厄舍利子色不異空空不異色色即是空空即
是色受想行識亦復如是舍利子是諸法空相不生不
滅不垢不淨不增不減是故空中無色無受想行識無

眼耳鼻舌身意無色聲香味觸法無眼界
乃至無意識界無無明亦無無明盡乃至
無老死亦無老死盡無苦集滅道無智亦
無得以無所得故菩提薩埵依般若波羅
蜜多故心無罣礙無罣礙故無有恐怖遠
離顛倒夢想究竟涅槃三世諸佛依般若
波羅蜜多故得阿耨多羅三藐三菩提故知般若波羅
蜜多是大神咒是大明咒是無上咒是無等等咒能除
一切苦真實不虛故說般若波羅蜜多咒即說咒曰
揭諦揭諦波羅揭諦波羅僧揭諦菩提薩婆訶

卷二 心的管理

最好的管理就是自我管理，
所謂「心治則身治，身治則一切皆治。」
讓自己心中有時間觀念，空間層次，
做事原則，情緒管理以及大眾的利益，
心地才能夠慈悲柔和。

心的管理(一)

管理學是一門學問，所謂人事管理、財務管理、企業管理等，這些管理都還容易，但心的管理就困難了。因為心有太多種，善心、惡心，好心、壞心，信心、疑心，貪心、瞋心、癡心等等，所謂「佛說一切法，為治一切心；若無一切心，何用一切法。」能夠把自己的心管理好，這才是最重要的管理。如何管理，以下四點提供：

第一、用捨心來管理貪心：《大智度論》：「有利益我者生貪欲，違逆我者生瞋恚，此結縛不從智生，從狂惑生，故是名為癡，為一切煩惱之根本。」貪得無厭、自私自利之人，不但障礙修行，也不得人緣。如果能轉貪心為喜捨心，廣結善緣，捨掉自己的分別執著、貪愛束縛，將歡喜、方便、希望布施予人，自然無所罣礙，獲得自在。所以，人的貪取心能減少一分，喜捨心便能增長一分，則福報就會不求自生，因此「有捨必有得」。

第二、用慈心來管理瞋心：有的人瞋心一起，則口出惡言，大動干戈，甚至殘殺生命，如此一來，智慧沒了，理性被蒙蔽，不僅惱害眾生，也障蔽本自清淨的佛性。所謂「瞋心能燒諸善根」，為人處事，要能但從柔處不從剛，但從慈心不瞋恨。調伏瞋惱，以慈心來管理，不但能對治自己的瞋心，也能化解他人的瞋心，達到冤親平等，問題也才能解決。

第三、用智心來管理癡心：所謂「愚癡無明生眾苦」，愚癡乃人生大病，是對世間認識錯誤，對因果顛倒看法，沒有通達事理的智慧，使人縱欲逐世，聞善生厭，是吾人起惑造業、輪迴生死之本。因此，佛教以般若智慧來引導愚癡，懂得觀察因緣，癡心則減少，頭腦自然冷靜理智，條理清楚，處理事情才能圓滿順利。

第四、用虛心來管理慢心：與人相處，自恃聰明而驕傲自滿，這是我慢心；自己事事不如人，卻不願向他人請益、學習，甚而暗地毀謗對方，這是卑劣慢。有位哲人說：「宇宙只有五尺高，六尺之軀的人要生活其中，必須低頭才能順利。」我慢的高牆不僅隔絕自己的視野，也交不到朋友。若以虛懷若谷之心待人，反而更顯高貴，別人也會更肯定我們的成就，與我們來往接觸。

其實，最好的管理就是自我管理，所謂「心治則身治，身治則一切皆治。」將自己的心先管理好，讓自己心中有時間觀念，空間層次，做事原則，情緒管理以及大眾的利益，心地才能夠慈悲柔和，將自己的心管理得人我一如，才是最高的管理。以下是「心的管理」四點：

第一、用捨心來管理貪心。

第二、用慈心來管理瞋心。

第三、用智心來管理癡心。

第四、用虛心來管理慢心。

黃才松繪

心的管理（二）

沒有修心，沒有養心，我們經常任由自己的心在那裡造業、妄動、為非作歹，就像猿猴，跳躍奔馳不已；又像脫韁的野馬，頑劣不羈，難以調伏。心好比一座工廠，需要制度管理；心也像流水，所謂「心如水之源，源清則流清」，水也要治理，否則容易氾濫成災。心不管理，最大的受害者是自己，要如何進一步來管理我們的心，以下四點提供：

第一、用信心來管理疑心：所謂「狐疑不信」、「疑心生暗鬼」，一個人心生懷疑時，經常會胡亂猜測，信以為真，不但自己惴惴不安，混淆知見，徒增困惑煩惱，對別人也容易生起疑心、顧慮，因此錯怪別人、誤會別人。其實這全是心理作用。心中坦蕩的人，不會無謂猜忌，信心清淨的人，不會亂起無明，所以對人、對事、對己要能明理、要起信心，用信心來管理疑心。

第二、用淨心來管理穢心：家裡塵埃遍布，要打掃清潔，住起來才會心曠神怡；環境器皿骯髒了，要拂拭清洗，才能煥然一新。我們的心染污時，要如何清理呢？世間的水，只能清洗身體上的污濁，內心的塵垢，就算跳進聖河，也無法去除，只有靠法水才能淨化。何謂清淨的法水？例如：受持淨戒、深信因果、慈悲喜捨、慚愧感恩、不起貪瞋癡心等等，並且落實在生活之中，心靈才能淨化。

第三、用定心來管理亂心：一潭水，你丟入大石頭，就會變得混濁污穢、動盪不安。我們的心也像一潭水，經常被煩惱無明打亂，所以要透過定的功夫，來整理散亂的心思。心湖平靜了，就容易看清事情的真相，才能理智思考原委，很多問題、癥結，就可以豁然貫通，迎刃而解。

第四、用真心來管理妄心：常言道「細水長流」、「日久見人心」，為人處世也是一樣。你待人虛情假意，說話不真、用心不實，想要獲得別人的信任，實在難矣。你以真心待人，讓人感到你的誠懇實在，自然別人對你產生信賴，進而卸除猜疑、戒備，視你為知心朋友，而樂意與你往來。

佛教裡說人心有八萬四千煩惱，佛法也有八萬四千法門來管理這個心。我們先把自己的心管理好，做人才會好，進而事情也才能處理好。

- 第一、用信心來管理疑心。
- 第二、用淨心來管理穢心。
- 第三、用定心來管理亂心。
- 第四、用真心來管理妄心。

發心

在社會上，我們經常怕被人家看不起，感到許多不公平；在團體裡，也會想：「怎麼故意埋沒我這個人才？怎麼長官不提升我？同事們沒有擁護我？」沒有被提拔重用，當然有好多原因。不過只要一個人肯發心，會給人肯定的。你發心奉獻，發心服務，發心勤勞，發心待人好等等，就會有許多功德，以下四點：

第一、時間會給我們成就：你在一個機關團體努力夠久，時間就會給你成就的。就是倒茶掃地，一服務十年、二十年，長官必定會注意你、肯定你，大家喝過你泡的茶，也必定會尊重你、感謝你。問題是我們肯花十年、二十年的時間嗎？所謂日久見人心，交朋友，你不可能三、五天就認識；做事也不能只做三個月、五個月就跳槽。因此，只要做得久，做出心得，時間會成就我們。

第二、歷史會給我們肯定：日子一天一天過，歷史也是一天一天成就的。我做人做事，從過去到現在，只要我發心，歷史不會不給我肯定的。就像有人為國家一當兵就是二十年、三十年，政府不會不給他退伍金；一個老師在某個學校服務四十年，也不會沒有退休金養老。所以，只要有歷史，人家會給我們肯定。

第三、後輩會給我們尊重：一個人到團體裡三年、五年、十年，而你已經待了三十年，他一定敬重你是老前輩。有一位日本僧人到中國參學，看到天童寺一位老和尚在大太陽下曬香菇，問他負責什麼工作，老和尚回答：「典座。」「多久了？」「六十年。」日本僧人一聽，不禁肅然起

李蕭錕繪

敬。老年的經驗閱歷豐富，只要你做人好，老成持重，你的發心會讓後輩尊重。

第四、大眾會給我們定位：一般人總以為不得長官的緣，就灰心喪志，其實只要你做得好，你有了貢獻，長官不喜歡你沒關係，大眾會喜歡你。所謂「因緣具足，龍天推出」，他們看到你的發心，會推選你，會給你定位。但假如你沒有能力，長官私心拉拔你，大家也不認定、不服氣。因此我們想要有成就，要靠自己發心、貢獻。

做人做事不要不耐煩，以為三年、五年這麼久了，沒有受到重視，是大家辜負你。凡事要講求時間因緣，就像醃醬菜的時間不夠，自然不好吃，等到醃透了，就會可口。只要你發心，耐得住煩，必定會有成就。

以下這四點「發心」，可以自我勉勵。

- 第一、時間會給我們成就。
- 第二、歷史會給我們肯定。
- 第三、後輩會給我們尊重。
- 第四、大眾會給我們定位。

運心

工廠機器運轉順暢，產量就會提高；交通物資運輸流暢，經濟就會活絡。運用雙手靈巧做事的人，我們讚美他「雙手萬能」；運動場上，田賽徑賽俱佳的人，我們說他是「十項全能」。人都有一顆心，要怎麼運，才能開發我的心，增加它的價值，發揮潛能呢？有四個方法：

第一、改革來自決心：國家社會要改革，當政者要有決心；公司機關要突破，執行者也要有決心。甚至我們自己也有很多的惡習，很多的不健全，所謂「積習難改」，要改革也要有決心。決心讓人堅持到底，不致半途而廢；決心讓人突破困難，才能重獲新機，只要下定決心，它正是從改革推向成功的力量。

李蕭錕繪（局部）

第二、創造來自用心：一八一六年，勒內克醫生散步時，看見孩子們貼在樹枝的一端，傾聽另一端大頭針的敲擊聲，因而發明聽診器，將診斷的醫術向前推動一大步；一九四六年，在微波實驗室工作的伯西史賓塞，因口袋裡的巧克力棒融化，發明了微波爐，大大影響現代人的生活飲食習慣。創造是本來沒有的，我可以「無中生有」；「建設」是本來不好的，我可以把它重新創造得更好。如何好法？用心觀察。

第三、教育來自愛心：孔子說：「活到老，學不了。」除了家庭教育、學校教育，現在企業鼓勵在職進修、政府民間開辦社區大學，甚至你到那個機關服務，

也是要再學習。可以說無論什麼地方，什麼年齡，都是在受教育。在教育的當中，無論是教者，無論是受教者，彼此要愛心相待，因為愛心讓人產生信心，愛心讓人感到溫暖；在教育中，你珍惜我能教你，我珍惜你要教我，彼此共同成就一段學習的因緣。

第四、服務來自發心：現在很多的事業叫「服務業」，主要以服務的真誠贏得消費者的青睞。許多人歡喜當義工，他不求待遇，也是以服務的精神，發揮生命的熱力。社會的光明、善良、可愛，就因為人類具有這種服務的性格。服務的精神來自發心，內心開發，就有能源，內心開發，就有力量，如同開發土地，土地就能長東西，你開發了內心，就有力量服務。

有運，就能創造；有運，才有希望；有運，才會更新；有運，就有力量。運思成文，才有千古傳唱的佳作；運籌帷幄，才有決勝千里的成功。所謂「戶樞不蠹，流水不腐」；天行健，所以自強不息；常運心，生命可以不朽；如何「運心」？有四點意見提供。

第一、改革來自決心。

第二、創造來自用心。

第三、教育來自愛心。

第四、服務來自發心。

馭心

有時候，常聽到有人埋怨，怪別人不肯聽自己的話，其實，最不聽話的是我們自己。我們的心，今天要求這樣，明天希望那樣，總是翻來覆去，心猿意馬。你能把自己的心好好的駕馭、掌握嗎？在此提供「馭心」的六種法門：

第一、鬧時練心：古云：「靜中靜非真靜，動處靜得來，纔是性天之真境。」心要能在喧囂吵鬧的情境中，保持住本心的平靜，這才是真功夫。古來祖師大德，在作務勞動中打透禪關，維摩大士弘法於紅塵裡；龐蘊居士一家人悟道於俗務中；身居高位的裴休、楊億在官場中一面運籌帷幄，一面參禪學佛。這些都是「熱鬧場中做道場」練心、修心的典範。

第二、靜時養心：三國諸葛亮說：「寧靜以致遠。」想要達成遠大的目標和成就，需先讓自己的心沉靜下來。吾人都有顆虛妄的心，常在亂念中起無明，滋生迷思，尤其在情緒低落時，容易生氣，逞意氣，造成無法彌補的後果，宛如洶湧的浪潮掀翻船隻。經云：「靜念投於亂念裡，亂心全入靜心中。」紛亂的心回歸平靜時，正是摒除外物妄心撥弄，獨坐觀照，善護自心的時刻。

第三、閒時守心：忙碌的現代人，大多羨慕出塵隱士沒有世事的忙碌和人情的困擾，過著閒雲野鶴、逍遙自在的生活。其實悠閒時，如果不能攝心守意，缺乏定力正念，反而容易心生悶慌。古云：「山中膽有閒生活，心不閒時居更難。」所謂「閒生活」，指的是吾人要能適時將塵世俗務放下，人我是非放下，過往恩仇放下，困擾執著放下。因為守得住心，才能享有真正的悠閒自在。

第四、坐時驗心：有謂：「坐破蒲團不用功，何時及第悟心空？」一個人光在形式上修行，盡作表面功夫，而不用心修持，即使把蒲團坐破了，依然不能入道。參禪不是打坐，念佛也非靠口念，而是要清楚檢視個己的起心動念。在人生的舞台上，不管我們在哪一個階層工作，主角也好，幕僚也好，都要守本分，能負責，配合整個大團體的運作，在自己的工作崗位上，盡力而為，因緣具足，必定會有收穫的。

第五、言時當心：佛教裡要人戒除的十惡當中，口犯的兩舌、惡口、妄言、綺語就佔了四項，可見口業的過失，比身心造業還來得快、來得多，切勿逞一時口舌之快，造罪惹禍。在日常生活中，言語是我們人際和諧，事業成敗的關鍵，「愛語如春風，惡語如穢器。」希望大家都能以如春風般的話語揚起眾生信心的風帆，以甘霖般的話語溫潤眾生乾涸的方寸，以陽光般的話語照破眾生的愛見無明，以淨水般的話語滌盡眾生的五欲塵勞。

第六、動時制心：《菜根譚》云：「不可乘喜而輕諾，不可因醉而生嗔，不可乘快而多事，不可因倦而鮮終。」人在情緒起伏的時候，很容易感情用事，判斷錯誤，而事後招致悔悟。人心浮動，就像水面泛起陣陣漣漪，不能如實映照景物，看到別人華廈轎車，便嫌自己屋子簡陋、車子破舊，甚至鋌而走險，作姦犯科，讓自己陷入罪惡的深淵，無法自拔。吾人在動盪的情境時，要攝心保持正念，清清楚

楚知道自己的心思舉止，不能任憑妄心浮動，如此才能做到以靜制動的境界。

古云：「心如平原走馬，易放難收。」我們的心就像脫韁野馬，到處奔竄，如何能安定下來呢？請參考馭心的六種法門。

- 第一、鬧時練心。
- 第二、靜時養心。
- 第三、閒時守心。
- 第四、坐時驗心。
- 第五、言時當心。
- 第六、動時制心。

黃才松繪（局部）

療心妙事

人在四大不調時，身體就有病；遇到不如意的事，心裡就有病。身體上的不適，還有醫生為我們治病；但是心裡生病了，要怎麼治療呢？尤其心理上「損人不利己」的毛病，社會上隨處可見。看到別人跌倒了，哈哈大笑；看到人家吃虧了，不但不幫助，甚至還幸災樂禍；喜歡講話損人、故意刁難人等等。如何治療這種毛病呢？

第一、要與人為善：三國劉備告誡兒子：「毋以惡小而為之，毋以善小而不為。」每一件善行，都是一個讓我們上進、學習的機會。凡是好事，不論事小、事大，抱著「與人為善」的精神，自能皆大歡喜，廣結善緣。因此，肯與人為善的人，擁有更多的機會；肯與人為善的人，容易獲得成功。

第二、要遇事隨喜：隨喜是一種心意的淨化，是光明的生命態度。你做好事，我隨喜助成，你成功了，我隨喜讚歎。雖然我做不到，或者我沒有參與，但它的功德與親自去做是一樣的。因此遇事隨喜，不但可以給人歡喜，自身也可獲得利益。利人又利己，隨喜的世界，無限美好。

第三、要生活隨緣：隨緣不是隨波逐流，而是珍惜當下，隨遇而安；隨緣也不是隨便行事，而是立場互易，隨順環境。隨緣讓我們認識因緣，所作所為，不能只想到自己，更不能刻意對人不利；隨緣讓我們心如大地，承載世間的人事物，不比較不計較。生活隨緣，少欲少求，身心定能自在。

第四、要方便服務：對於朋友、親戚、同事，甚至鄰居、社區，我們要給予大家一種方便，給予大家一些服務。例如：路不好，我們協助把路修好；環境不乾淨，我們把社區環保做好；乃至有人想成就事業，發生困難，我們助他一臂之力，不但對自己無損，還可以對別人有利。只要我們發心為人服務、提供方便，這「損人不利己」的毛病，自然就能治好。

我們常說：「心病還須心藥醫。」心生病了，最根本的治療，還是在於自我內心的健全。對於「損人不利己」這種心理毛病，四個治療方法提供參考：

第一、要與人為善。

第二、要遇事隨喜。

第三、要生活隨緣。

第四、要方便服務。

看心

人平日會看人、看事、看物、看山河大地、看日月星辰，甚至看自己的手腳，卻看不到自己的心。俗話說：「世有百千閒日月，人無一點好身心。」世間儘管有多少閒適的歲月，但是人實在很難保任清淨自在的身心。如何看好心呢？有四點意見提供大家參考：

第一、常內觀以定心：我們的心念有如猿猴跳躍，也像瀑布湍流，念念不停；前念決定的事，後念又幡然反悔；前念生出善意，後念又升起傲慢，若不小心守護，就會在煩惱的五欲愛河中翻滾浮沉，在六道之中生死輪迴不已。「心」好比大地，需要被開發，透過內觀照護自己的心念，將內在的能源和靜定的力量開發出來，必能讓心地綻放般若的花朵，結出菩

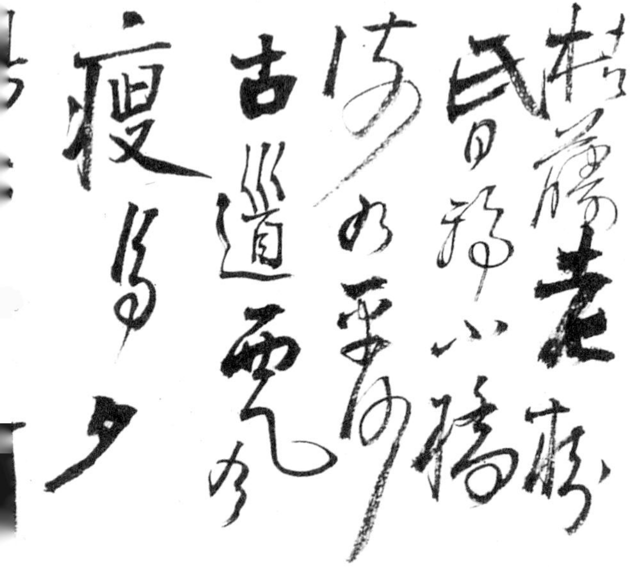

李蕭錕繪

提的果實。

第二、研經教以澄心：佛教不同於其他宗教的地方，在於佛教非常注重慧解，強調信仰要建立在理智上，而不是一味教人「信」而已。然而，從過去以來，多數佛教徒只重視拜佛誦經，祈求福祿，不但不能提升層次，而且有礙佛教發展，實在可惜。研習經教，尤其可以採取讀書會的方式，彼

此切磋，互相勉勵，將佛法落實生活，利己利人，才能達到解行並重的目的。經過深研和思維的教理，才能成為自心澄湛的法寶。

第三、去貪瞋以淨心：古人云：「飲宴之樂多，不是好人家；聲華之習勝，不是好士子；名位之念重，不是好臣士。」貪愛的習性，使我們的心終日攀緣外境，產生許多痛苦。又謂：「一念瞋心起，百萬障門開」，社會上常看到，有因一言不合而各奔西東，或一句不順心的話語而大動干戈，乃至一個不經意白眼，招來殺身之禍，這些都是瞋心熾盛帶來的不幸與災難，戒除貪愛與瞋恚實在重要。因此吾人要發心調整自我的習氣，進而淨化自己的心靈，除去貪瞋的過患。

四、明古訓以警心：有云：「讀書不見聖賢，如鉛槧傭。」讀書的真正目的，不是像「謄錄生」一般，只是循章摘句，而在於體會古代先賢的言行，將它的精神內化為自己的人文素養。因此，我們拜讀古德書文、名家格言、偉人傳記、先賢訓詞，要懂得深思、明白其精神要旨，並時時警惕自己效法學習，如此便能庶幾無過，日益進步。

身心的活動，深深影響著我們生活的苦樂、內心的淨染，如何正確認識和導正身心活動方向，「看心」的法門，可以作為吾人修正的參考。

第一、常內觀以定心。

第二、研經教以澄心。

第三、去貪瞋以淨心。

第四、明古訓以警心。

平常心

什麼是平常心？有一次，有源律師問大珠慧海禪師：「和尚修道還用功否？」禪師答道：「用功。」有源問：「怎麼用功？」大珠慧海說：「飢來食，睏來眠。」有源又說：「所有的人都如此，怎麼算是用功呢？」大珠慧海回答：「那不一樣，他們吃飯時不肯好好地吃，百般思索；睡覺時不肯好好地睡，千般計較，所以不同啊！」

如何有平常心？

第一、得財不喜是平常心：人之性，在有所得；老年得子，貧時得寶，寒時得衣，飢時得食，都喜不自勝。有所得不禁歡喜，此乃人之常情，但是有修養的人，「不以物喜，不以己悲」，錢財有無，在他看來不是很重要，所以得之不喜，失之不憂，這就是平常心。

第二、失利不憂是平常心：世間上，好事不常有，難堪事則經常發生。有的人生意經營不善，失利了；股票崩盤，失利了；甚至銀行也會關門，大公司也會倒閉。失利時，有人想不開，煩惱憂慮，有人看不開，情緒失常。所以佛法講「有日要思無日時」，得財固然是好事，失利也是常事，何必太計較？只要有信心，一切都可以再來，這就是平常心。

第三、享譽不驕是平常心：人在無所得時，尚能保持一顆平常心，一旦享有榮耀名位時，就不容易有平常心了。例如體育競賽，勝不驕，敗不餒，就是平常心；創業時，享譽不驕，受辱不計，就是平常心。歷史上，韓信不計較「胯下之辱」，所以能成就大事，這就是平常心。

第四、受謗不惱是平常心：一個人受到別人的毀謗，叫他不氣惱，非常不容易。尤其感覺委屈冤枉時，更如火上加油，心生瞋念，甚至與人拚得你死我活，不肯罷休。假如受謗時，能自我反省，有則改之，無則嘉勉；被人冤枉了，心想這是為自己做一警惕，不懷瞋恨，仍能如如不動，那就是平常心。

有了平常心，有所得時就不會過分貪求；有所失也不會過分煩惱；有了榮耀，看成是大家的成就；受到毀謗，反而覺得受到了教益。能以平常心處世，人生何處不春風？保有平常心的四種方法，提供大家參考：

- 第一、得財不喜是平常心。
- 第二、失利不憂是平常心。
- 第三、享譽不驕是平常心。
- 第四、受謗不惱是平常心。

用心

佛子修行要有道心，學生讀書要能專心，成人做事要能真心。心，好比一座寶山，蘊藏無比豐富的資源，只要用心開採，就能取之不盡，用之不竭。只是，日常之中到底要如何「用心」呢？有四點建議：

第一、用善心為法：世間一切森羅萬象皆稱為「法」，法有善、惡，就看我們取什麼樣的法。〈七佛通誡偈〉云：「諸惡莫作，眾善奉行，自淨其意，是諸佛教」；古德作「功過格」，日日自我反省；童子軍日行一善，作為實踐的方向；吾人又怎能妄自菲薄？因此，我們要發起善心，鼓勵安慰，給人信心；點頭問好，給人歡喜；隨口功德，給人希望；舉手之勞，給人方便，這都是用心可做的善事。養成習慣，內外一如，必定能為生活帶來無限的和樂光明。

第二、用律心為戒：校規、法律是來自外在的約束，屬於他律；佛教的戒律，是發自內心的自我要求，屬於自律。戒律如交通規則，即使平坦如高速公路，如果不遵守，隨時有發生車禍的危險。同樣的，在人生旅途上，如果不持戒，隨時會有犯過招禍的可能。因此能在行為舉止上，遵守戒律，就能維護身心清淨，不違過失；能在待人處世上，守戒自律，就能不侵犯他人，自他和諧，人生才能幸福平安。

第三、用道心為體：道心是修持的根本，好比樹有了根，枝葉才能茂盛；有了道念，才能超越世間，不被紛擾所惑；有了信願，才能超越昇華，不被煩惱所轉。道心更是發起菩提心的動力，是在心甘情願，犧牲小我中，擴大自己；在無私奉獻，服務利行中，培養道德情操。以慈悲、忠誠、發心、承擔的精神服務團體、結緣大眾，必能自利利人，自他成就。

第四、用仁心為用：仁就是慈悲，慈悲是淨化的情、昇華的愛，是無私而智慧的布施、奉獻和服務，是不求回報成就對方。有仁慈心的人，處處為人著想，時時護念眾生。古代高僧大德，如智嚴躬處癘坊、高庵看病如己，不捨一人；甚至像智舜割耳救雞、僧群護鴨絕飲，悲愍蒼生疾苦的精神澤及傍生，不但為時人所崇仰尊敬，也為後人立下仁慈心的楷模。只要每個人多用一點心，這世間會更淨化，人間會更美好；讓我們一同用心。

第一、用善心為法。
第二、用律心為戒。
第三、用道心為體。
第四、用仁心為用。

如何用心

日常之中，讀書要用心，做事要用心，做人也要用心，無論做什麼都要用心。所謂「用心」，到底要用什麼心?有四點看法：

第一、用無貪的心，逍遙於天地之間：人有貪心，難免「為物所役」，因而自我束縛、自我限制、自我縮小，不得自在。反之，超然物外的人，可以逍遙於天地之中，享受清風明月，何等灑脫自在。所以，做人不要戚戚於貧賤，不要汲汲於富貴，能夠不忮不求，才能隨緣放曠。

第二、用柔軟的心，待人於情理之內：做人要有情有義，做事要合情合理，所謂國法之前，也要兼顧情理。世間一切都不能脫離情理，人我之間如果不能恰如其分、合乎情理，就會產生煩惱。所以，做人不能太耿直，更不能太嚴苛，能夠保有一顆柔軟的心，待人於情理之內，對人多一些包容、多留一些迴旋的空間，世間就會更溫馨，更有人情味。

第三、用體諒的心，化物於無住之境：做人要有體諒的心，要經常設身處地為別人著想，人際關係才會和諧。一個人如果凡事只站在自己的立場，完全不去體諒別人，很容易和人產生對立，如此對方就會成為我們的障礙。所以，做人不要經常跟人畫清界線、壁壘分明，甚至敵對起來。《金剛經》講：「無我相，無人相，無眾生相，無壽者相。」能有體諒的心，就可化物於無住之境，則「無住」反而「無所不住」，到處都可以安身立命。

第四、用精進的心，應用於為學之道：一部汽車，儘管零件、性能再好，如果沒有加油，缺乏動能，它就無法上路；一個人資質再優秀，如果不肯精進用功，終究一事無成。精進是成功的動力，不管為學、創業，都要勤勞精進，不可懈怠偷懶；就如登山爬坡，必須不斷勉力向前，才能到達峰頂。

佛教講，學佛最高的境界是「無心」；但是，在世俗的生活裡，為人處事還是要處處用心。

「如何用心」？有四點看法：

- 第一、用無貪的心，逍遙於天地之間。
- 第二、用柔軟的心，待人於情理之內。
- 第三、用體諒的心，化物於無住之境。
- 第四、用精進的心，應用於為學之道。

用心學習

現在社會提倡「終生學習」，學習是一輩子的事，學習也是自己人生的課題。平常除了父母、學校、社會所施予我們的身教、言教及境教以外，其實真正的學習還是要靠自己。如果自己不爭氣、不用心學習，即使聘請再高明的老師、專家來指導，也是學不成。所以，如何「用心學習」？有四點意見：

第一、眼要看、口要問：學習的時候，眼睛要專注地看著老師、課本、教材等目標，才能加深印象。甚至「讀萬卷書，行萬里路」，出外旅行參學，更要懂得用眼睛去看；要能看出各地的歷史、地理、風俗、文化，才不會枉費草鞋錢。但是，有時候自己看也不一定能看得懂，這時就必須開口去問，所謂「學問、學問」，學而不問，則不懂的永遠還是不懂，所以要「不恥下問」，才能進步。

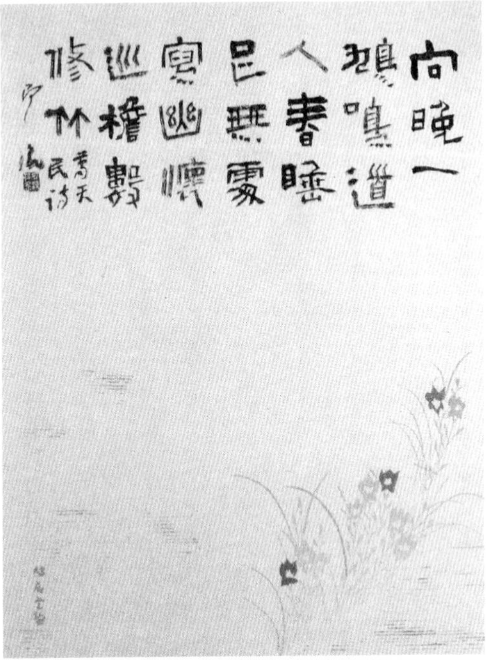

李蕭錕繪

第二、心要用、耳要聽：心是一個人的主宰，不管學習什麼，用心最重要；如果心不在焉，再好的知識也灌注不到你的腦海裡，自然無法和你的心靈相應。因此，「心要用」，加上「耳要聽」；耳朵聽聞是學習的一大利器，佛經說：「此方真教體，清淨在音聞。」娑婆世界的眾生耳根最利，一個人即使在黑暗的地方，或是一牆之隔，都能聽聞得到對方講話，所以人應該善用耳根，好好聞思修。

第三、手要寫、腳要行：讀書要會分析、歸納、演繹，要隨手做筆記。一本書讀過以後，如果能寫讀書心得最好，不然至少要把一些格言、佳句動手記下來，事後不斷地「溫故知新」，才能日有進步。乃至聽講演，更要隨手記筆記；記錄下來，不斷複習，才是你的。

現代人都是習慣記到錄音機，或是記到電腦裡面，成為死資料，如此記得再多，也沒有用。所以「手要寫」，甚至「腳要行」，對於不懂的，要勤於跑圖書館查資料，或是到處尋師學道；能夠不畏千里奔波之苦，才是學習應有的態度。

第四、意要勤、念要明：為學首先要意志堅定，要有毅力、恆心，能經「十年寒窗無人問」的辛苦，才有「一舉成名天下知」的成就。因此心意要勤勞、要追求、要探討、要研究、要揣摩；並且念頭要分明，對於自己的心念，要念念分明。在佛教裡，談到修行，所謂念佛要念念分明，參禪要觀照分明；念頭一明，則如水清魚現，何愁智慧不開、學業無成？

所以，學習，要懂得方法，懂得用心，才能事半功倍。「學習」之要，有四點：

第一、眼要看、口要問。

第二、心要用、耳要聽。

第三、手要寫、腳要行。

第四、意要勤、念要明。

用心不同

做人、做事要用心，但是每個人的用心各有不同，例如，有的人一心想要發財，有的人專心讀書，有的人全心創業，有的人用心公益。因為各人的人生目標不同，所以自然有別。「用心不同」舉出四點說明：

第一、操作股票者，用心注視下一秒：股市的變化，瞬息萬變，分秒之間有漲有跌，漲幅、跌停的波動，對持股人的利益關係重大，所以玩股票的人，莫不分秒注意股市的行情變化。有的人外出辦事，或是出門旅遊，仍然不時打電話詢問，甚至隨身攜帶電腦，隨時隨地掌握資訊，所以操作股票者，用心於下一秒。

第二、熱衷權利者，用心注視下一步：有的人喜歡掌權，有權就有力量，有權就有利益，權利可以說人人爭取。但是權利殺傷力也很大，當你大權在握，別人也在一旁冷眼觀看著你。如果你的權利行使不當，別人就會以此來攻訐你、打擊你。或是你以權利壓人，也會招怨樹敵，所以權利愈大的人，愈要謹言慎行，要時時用心注視下一步，以免在權利的峰頭栽了跟斗。

第三、參加選舉者，用心注視下一次：選舉是民主政治的象徵，選舉的結果往往是「幾家歡樂幾家愁」。例如，台灣經常選舉立法委員、省市議員、縣議員、鄉民代表、市長、縣長等。各種選舉過後，有的人高票當選，有的人以些微之差落選。選舉有勝有敗，這是必然的結果，所以參加選舉的人不能只看一次勝負。這一次幸運當選，如果不能善盡職責，下一次人民可能就不再給你機會了；這一次不幸敗北，只要你有能力，你有誠

心想要為民服務，也許下一次就能東山再起。所以，選舉不能只看一次的成敗，應該用心注視下一次，要用政績來說服選民。

第四、關心人類者，用心注視下一代：「長江後浪推前浪，一代新人換舊人」，人類大我生命的延續，就是靠著代代子孫的相繼繁衍，才能生生不息。所以，我們現在要關心整個社會、地球、人類的未來，就要用心注視下一代，要好好關心他們、教育他們，留給他們好的模範。甚至如環保人士一再呼籲，地球只有一個，我們應該重視環保工作，不要破壞生

李蕭錕繪

態，才能留給下一代一個健康的生活環境，這就是我們留給下一代最寶貴的資源。

心是人的主宰，每個人的用心不同，從中也可以看出其人的胸懷與成就。「用心不同」，四點提供參考：

- 第一、操作股票者，用心注視下一秒。
- 第二、熱衷權利者，用心注視下一步。
- 第三、參加選舉者，用心注視下一次。
- 第四、關心人類者，用心注視下一代。

修養身心

我們的衣服壞了，要修補修補；我們的房子漏了，也要修補修補；我們的身心有了毛病，更要修補修補。身心怎樣修補呢？就是平時要有修養。關於修養身心之道，有四點意見：

第一、要保身如玉：人，都喜歡清潔的東西。衣服很乾淨，穿起來才舒服；飯菜很清爽，吃起來才健康；環境很衛生，生活起來才愉快。一個人的身體要守身如玉，才會受人敬重，所謂「守身如玉」，就是沒有瑕疵，比方說，不打人、不殺生、不偷盜、不邪淫、這都是修身。

第二、要守口如瓶：所謂「病從口入，禍從口出」。平常我們的嘴巴，往往因為好說話而招惹了好多的麻煩；很多的災難、禍患，也都是因

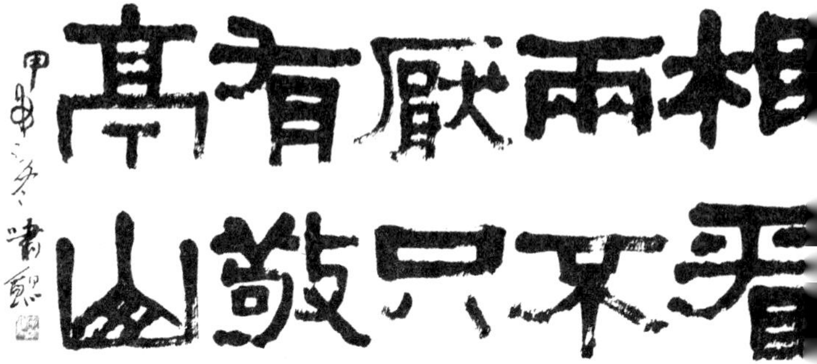

李蕭錕繪

為講話不當而引生。因此，不當說的話不可以說，說出來的話都要讓人能接受，讓人能歡喜；不歡喜，你說了，總會有很多的不良後果，所以要守口如瓶。

第三、要防意如賊：王陽明說：「擒山中之賊易，擒心中之賊難。」佛經裡譬喻，我們的身體就像一個村莊，裡面住了六個盜賊—眼、耳、鼻、舌、身、心；心就是這些土匪的首領，它帶領著我們的眼、耳、鼻、舌、身專做壞事，擾亂了我們的生活，讓我們終日不得安寧。所以我們要想平靜過生活，就必須慎防「心意」這個盜賊，不使他犯上、作亂。

第四、要杜惡如仇：佛經說，身、口、意三業是造作的主人翁，他們可以行善，也可以為惡；而三業所作是善是惡，往往在一念之間。我們要杜絕、防患身口意造業，就是自己要有一把智慧的利劍，要視罪惡如寇讎，才能把罪惡斬斷。

所以，如何「修養身心」？應該注意四點：

第一、要保身如玉。

第二，要守口如瓶。

第三，要防意如賊。

第四、要杜惡如仇。

再談平常心

經典形容我們的心有如瀑流，念念相續，又如波濤洶湧，上下起伏，實在難以維持一顆平靜、平常的心。什麼是平常心？是一種心境，它「不以物喜，不以己悲」，不為環境的變化而喜憂；平常心，是一種境界，慧能大師云：「本來無一物，何處惹塵埃」，它超脫物外、超越自我。這裡再談四種平常心：

第一、為善不執是平常心：無論付出、行善，你有了執著，就會有所罣礙；有了執著，就會有所期待。當期待落空，不免失望，甚至反而惱怒不安，內心就無法平靜了。

如果能夠行善施恩於人，無求回饋，不執於心，體達「三輪體空」，無施者、受者以及無施物的清淨平等心，就是平常心。

第二、老死不懼是平常心：生死輪迴是宇宙運轉的常道，人總難免生病，面臨衰老，甚至死亡的來到，能夠心無懼怕、意不顛倒、無所罣礙、安然自在，所謂：「死是生的開始，生是死的準備；生也未嘗生，死也未嘗死。」這就叫平常心。

第三、吃虧不計是平常心：有句話說：「學習吃虧能養德。」有時吃點虧，並不是壞事，你從吃虧中，可以累積人生的經驗，從吃虧中，可以學會處世的退讓。尤其人與人相處，難免有所不公與虧欠。能夠在吃虧時不計較、不比較，這就是平常心。

第四、逆境不煩是平常心：所謂：「月無日日圓，人無日日順。」當我們遇到忤逆的境界，要能看清憂慮，放下憂慮，不隨煩惱起舞，泰然處之。好比競賽的時候，總想戰勝對手，其實要戰勝對手，要先戰勝自己，戰勝自己就是不為環境所擾，不為雜念所困，不為順逆所動，忘掉對手，忘掉勝負，以自然的心態對待，這便是平常心。「人若無求，心自無事；心若無求，人自平安。」其實「平常心」，就是日常用事中無取、無捨、無驕、無求、無執著的心行。

所謂：「最平常事最神奇，說出懸空人不知，好笑紛紛求道者，意中疑是又疑非。」前偈無非揭示平常心即是道，道即在平常生活中。

- 第一、為善不執是平常心。
- 第二、老死不懼是平常心。
- 第三、吃虧不計是平常心。
- 第四、逆境不煩是平常心。

發心難

工廠裡，要開發新的產品；商場上，要開發新的市場。我們的心，也像工廠一樣，需要開發，才能把心裡的寶藏挖掘出來。每個人的心裡，都有無限的寶藏，也就是我們的佛性，如果不開發，佛性就不能顯現出來。所以佛教講發心，「發」是開發，「心」就是我們的心田。開發我們的心田，是很辛苦、很困難的事。「發心難」有四件事：

第一、學道容易入道難：無論做學問或是信仰宗教，要深入學問的精髓，以及信仰的真實義理，是不容易的。西諺有云：「讀書易，思索難。」倘若一個人雖讀萬卷書、雖拜千萬佛，但書中的聖人之道，經中的真理教義，卻沒有深入的了解，則讀書與信仰，都是沒有意義的表相罷了。所以，我們學習任何一件事物，都要深入內涵、明解義理，如此才是「入道」，所以學道容易，入道難。

第二、入道容易守道難：「入道」之後，要將所學的理論活用，把所讀的義理實踐，讓日常的言行舉止與之相應，生活的點點滴滴奉行不忘，時時刻刻守住所學之道，這就不是一件容易的事了，所以入道容易守道難。

第三、守道容易悟道難：即使能守道，也能日日按時做自己的功課，但是要在生活中以經典之義，善極思維，從中明白佛陀的教法，並且將教法奉行在日常作息之中，從中開悟，這就不是一件容易的事了，所以守道容易悟道難。

第四、悟道容易發心難：有的人悟道了，卻選擇到深山裡閉關，他不管世間之事，也不發心弘揚佛法，更不發心廣度眾生，維摩詰居士曾批評此類小乘行者為焦芽敗種；佛陀也曾喝斥過二乘的弟子為自了漢，所以，悟道之後，要發大乘菩薩的菩提心，是不容易的。

修學佛法，先決的第一個條件要發心，發心才有動力。比方說施捨，發心才肯施捨；要精進，發心才有精進力；持戒，發心才會持戒，不發心什麼都難達成。所以「發心難」有四點：

第一、學道容易入道難。

第二、入道容易守道難。

第三、守道容易悟道難。

第四、悟道容易發心難。

宗教徒的心胸

一個人有了宗教信仰，他的內心就會有力量，他的生命就可以擴大昇華。那麼身為一個宗教徒，除基本信仰以外，應該具備怎樣的觀念和心胸呢？以下有四點建議：

第一、對社會大眾要視如親人：宗教信仰的目的，不只是讓自己得到解脫，獲得快樂，更進一步能將大眾視為一體，愛人如己。假如每個宗教徒都能發揮愛心，將一切眾生視如自己的兄弟姊妹，如《四十二章經》裡所說的：「老者如母，長者如姊，少者如妹，稚者如子」，社會必定更加和諧，人際必然更加友愛。

第二、對作惡壞人要視如病子：在這個社會上，有好人也有壞人，當

然好人占了大多數，但壞人也為數不少，對於這些為非作歹、盡做壞事的人，殺了嗎？不能解決問題；不管嗎？更不能解決問題。那麼應該如何看待？視如病子。就像我們對待生病的孩子，會多付出一份愛心，因為以暴不能止惡，唯有以愛才能化解。所以佛經上說：「以慈止怨，以忍息爭。」宗教徒對待社會上的壞人，更要多布施一分愛心，才能感化他們，讓他們去惡向善。

第三、對異教門徒要視如朋友：世

黃才松繪

間上存有各種不同的宗教，當然就有和我不同信仰的異教徒。對於異教徒，我們要以「他不是我的仇敵，而是我的朋友」的心情來相處。好比每個人對文學的喜好不同，有的人喜歡詩歌，有的人喜歡散文，有的人喜歡學術，有的人喜歡童話，雖然有各種差異，但終歸喜好文學。同樣的，雖有種種不同的信仰，但大家一樣都是宗教徒，所以我們要把異教徒看成是朋友，當作是鄰居，這個社會才能更美好。

第四、對含靈動物視如自己：宋朝

黃山谷曾作一首「戒殺詩」，詩中提到：「我肉眾生肉，名殊體不殊，原同一種性，只為別形軀。苦惱從他受，肥甘為我須，莫教閻老斷，自揣看何如？」

世間上的眾生，雖有種種不同的性相，但愛惜生命、求生懼死的本質都是一樣。既然如此，我們就不應該把自己的快樂，建築在別人的痛苦之上，對有生命的含靈動物，也要像對待自己的生命一樣，給予愛護，不加傷害。所以，一個宗教徒應該具備這樣的心胸：

第一、對社會大眾要視如親人。

第二、對作惡壞人要視如病子。

第三、對異教門徒要視如朋友。

第四、對含靈動物要視如自己。

靜坐的功效

當今社會動盪，所以，生活中的禪修，就顯得相當重要，茲舉出四點如下：

第一、靜坐使身心平衡：我們的身心雖然都是自己的，卻經常不能一致。比方，我們會感到「心有餘，力不足」，或者這個身體還有力量，心裡已經沒有氣力了。如何讓身心平衡發展？讓身心能統一運用？靜坐可以幫助我們精神統一、意志集中，感覺到有一股自在的覺受，一種平衡身心的力量。

第二、靜坐讓理念明淨：我們每一個人每天在動盪的身心裡生活，有時候幾乎忘失了自己。天天忙碌，卻不知道為什麼忙？天天來去，卻不明白為什麼來，要去哪裡？甚至自己做什麼都糊塗了。假如你有一點禪坐的功夫，盤腿靜坐，就能讓你的心明淨下來，這個時候，你的理想、你的計畫，就會明明朗朗、清清淨淨，就能懂得如何處理，明白怎麼一回事。

第三、靜坐令自我提升：所謂「俗慮惱人無止境」，人不僅要面對自己的八萬四千種貪瞋煩惱，還要面對瞬息萬變、資訊爆炸的現代社會，甚至複雜的人我關係，身心真是疲於奔命，煩亂不已。禪修靜坐的功用可以讓自己學習與困頓相處，接受自己，改變觀念。當身心柔軟下來，生活的意義就昇華了，生命的境界也擴大了。

第四、靜坐可悟入真諦：參禪打坐的人，久而久之，不但身心平衡，理念明淨，也可以悟入人生的真諦。悟的時候，久遠過去的事情，會重新浮現在眼前；遙遠以前的人和事，也都會慢慢的向我們集中近來；所謂

「認識了自己的本來面目」，懂得了人生究竟「為什麼生？」「為什麼死？」「從哪裡來？」「要去哪裡？」明白人生真正的意義是什麼，就能安頓身心，遠離顛倒恐懼。以下四點靜坐的功用，提供吾人參考。

第一、靜坐使身心平衡。

第二、靜坐讓理念明淨。

第三、靜坐令自我提升。

第四、靜坐可悟入真諦。

唐健風繪

如何改心

有的人覺得自己的名字筆畫不好而改名，有的人覺得自己的運氣不好要改運，其實，改名、改運不如改心。因為我們的心經常不肯聽我們自己的話，有時候起惡心，有時候起邪心，甚至有時候起迷心。假如把心改了，命運也就會跟著改；心改了，再也不必罣念名字筆畫好不好。那麼，惡心如何把它改成善心？邪心如何改成正心？迷心如何改成慧心呢？有四點如下：

第一、修般若以制心：有時我們的心想要奮發努力，卻感到力不從心；有時我們的心想要平靜下來，卻東奔西跑，一刻不能停留；這時可以用般若來對治。修般若可以制伏我們內心的煩惱妄想，可以收攝我們紛亂的思緒；心制伏了，煩惱就會跟著減少；般若慧心增加了，就能專心一致，成就功德。

第二、寡酒色以清心：酒能亂性，令人神智昏昧，是百病入侵的門戶；飲酒使人身心放蕩，口無遮攔，恚怒一起，容易與人紛爭，使惡名流布，為人輕賤。佛陀說：「慎勿視女色，亦莫共言語，若與語者，想其老者為母，長者如姐，少者如妹，稚者如子，生度脫心，熄滅惡念。」酒色財氣令人目盲，令人耳聾，佛教所要喝斥的正是這些會染污清淨自性的色聲香味等塵垢，若能清心寡欲，身心自能清淨無礙，若能遠離酒色，就不會給自己找來麻煩，自然理智清明。

第三、卻私欲以養心：俗語說：「人不自私，天誅地滅。」可見自私是人類的毛病。如果私欲過於膨脹，成天妄求、計較，就會失去做人的道德；假如私欲造成對國家社會的危害，就會失去做人的公德。私欲作祟，人心不得安寧，終日汲汲營營，忙於心計，又怎能安心呢？若能「寵利毋居於人前，德業毋落於人後；受享毋踰於分外，修為毋減於分中。」則能養心、清心。

第四、悟至理以明心：湯之盤銘曰：「苟日新，日日新，又日新。」佛教則主張小疑小悟，大疑大悟，意謂人應該不斷的創新、改造、進步才能有所覺悟。將每天「我懂了，我明白了」這許多小小的覺悟累積起來，將來就會有大徹大悟的時候。人最重要就是認識自己的本來面目，本來面目就是「我」，就是「心」，心才是真我。

字寫錯了，改正就好；路走岔了，改道即行。我們的心不好，也是要它改造一下。改心四點，就靠我們自己去實踐了。

第一、修般若以制心。

第二、寡酒色以清心。

第三、卻私欲以養心。

第四、悟至理以明心。

程梅香繪（局部）

心的應用

學佛要學得無心，無心不是沒有心，而是「滅絕分別思量之差別」。無心的境界三昧很高，所謂「百花叢裡過，片葉不沾身」就是無心的妙用。一般人能做到善用其心，就已經不容易了，何況無心？究竟要如何用心呢？有四點意見：

第一、無事時，應有明淨的心：我們有時候忙、忙、忙，其實忙中亦有閒時；做、做、做，偶爾也會有無事之閒。忙時，心在諸事之中，那麼，當無事的時候，心要如何呢？這時要將心安住在反觀自照的明淨之中。所謂無事並非身口之行為，乃心中了了常知，寂寂常照，好比「千江有水千江月，萬里無雲萬里天」，心明淨了，好比天上的雲朵、月亮，都會在平靜的海面上浮現出來；心明淨了，心中自然萬象具足；在無分別的時候，對萬物的始末即能清晰明白。

第二、有事時，應有堅定的心：處於萬物紛擾的人世間，經常會有出其不意的惱人事件，面對事情，處理事情，應有洞察先機之堅定心。如果一再猶豫，不能下定決心，讓時間蹉跎虛度，就會喪失機緣。因此有事時，要有堅定的心，才能不為無明煩惱左右。

第三、得意時，應有淡泊的心：唐朝孟郊登科詩云：「春風得意馬蹄疾，一日看盡長安花。」把金榜題名酣暢的心情，表露無遺。其實得意的時候，更要有淡泊的心，因為，人處順境容易得意忘形，若能自我惕勵，就不致馬失前蹄，失於安樂。因此在得意時，要有淡泊的心。

第四、失意時，應有泰然的心：人的一生那能天天得意，日日過年？

總難免有低潮失意的時候。失意時，最要緊的是不要被失意打倒，保持一顆泰然的心。《論語・公冶長》記載，楚國的令尹子文，他三度為官，臉無露出雀躍；三次被罷免職務，也沒有顯現怨怒，那是因為他有寬大泰然的心，對這些得失便能不在意了。所以，「上台、下台」都要泰然。失意沒什麼了不起，只要繼續努力、上進，機會就會為我們所掌握。「如何用心」，四點意見如下：

第一、無事時，應有明淨的心。

第二、有事時，應有堅定的心。

第三、得意時，應有淡泊的心。

第四、失意時，應有泰然的心。

唯心所造

佛教講「三界唯心，萬法唯識。」說明世間上的一切都是唯心所造，唯心所現，唯識所變。「心如工畫師，能畫種種物」，心就好比是一位工程師，能起建各式各樣的建築；心也像一位美術家，可以揮灑出不同風采的畫作。因此，世間的好好壞壞，往往取決於我們的一念之間。以下四句共勉：

一、酒不醉人人自醉：喝酒喝得過多會令人酩酊大醉而難以自拔，但是想想，如果不是自己主動去喝，酒又何能醉得了我們呢？有人說：「一醉解千愁。」可是別忘了「借酒澆愁愁更愁。」日常生活中，沉浸在自我的世界裡，我們用「自我陶醉」來形容；心中憂悶，比喻為「憂心若醉」；生活過得糜爛，則喻為「紙醉金迷」；但是不管怎麼樣，千萬不能「醉生夢死」，不能糊里糊塗的過一生，要為自己創造樂觀開朗的人生。

二、色不迷人人自迷：所謂「情人眼裡出西施」，有人說美色能讓人動心，其實每個人對「美」的觀點、看法都不一樣。反應到生活上，有人喜歡自家的院子裡多一點的花花草草，但是有的人卻喜歡空空曠曠的感覺；有人喜歡白色，卻也有人偏愛黑色。所以世間上一切的事物都有為人喜歡與不喜歡的，但是無論如何，對於歡喜的人事物，卻不能過度沉迷，老子云：「五色令人目盲，五音令人耳聾。」一旦迷戀了，看到的就只有眼前的利益，心有所局限，視野就不能開闊了。

三、鬼不嚇人人自嚇：很多人聽到「鬼」，就心生恐懼。其實，鬼是另外一道的眾生，他們有他們的生存之道，不會來妨礙我們、嚇唬我們。

真正的鬼不可怕，可怕的是疑心生暗鬼，甚至有的人比鬼還可怕，別有用心的計謀害人。所謂「杯弓蛇影」，有的人看到一棵樹，誤以為是鬼，而嚇破了膽；有的人看到一根木棍，當作是鬼，嚇得魂飛魄散，這都是自己疑心疑鬼的結果，只要我們心存善念，沒有什麼可以害怕的。

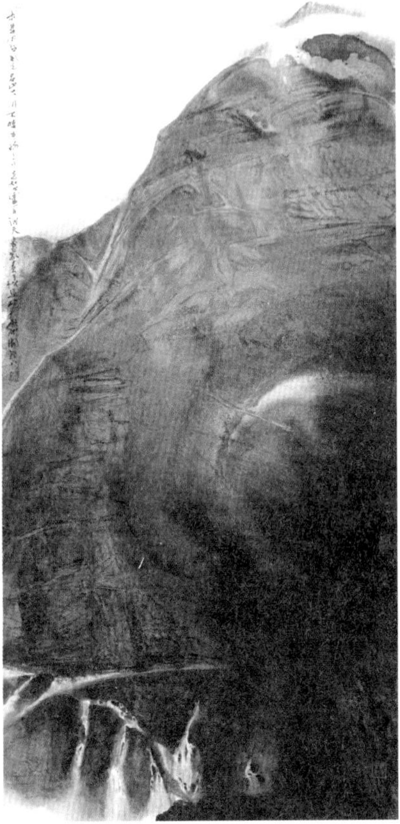
黃才松繪

四、氣不亂人人自亂：每個人都會遇到

令人氣惱的事，一旦不滿，千萬不能一味地氣憤填膺，應該要保持冷靜。《漢書．楚元王劉交傳》說：「和氣致祥，乖氣致異。」一個人不能冷靜就會為氣所亂，亂了主張，亂了章法，什麼事就會不按牌理出牌，後果將是不堪設想。所謂「人比人，氣死人」、「一山還有一山高」一氣還一氣，何時能了得？所以，生氣不如爭氣。人只要能正直無邪，專其一心，則能不為誘惑所導，不為強勢所亂，不為無明所擾。

所以，以下四點提供參考：

第一、酒不醉人人自醉。

第二、色不迷人人自迷。

第三、鬼不嚇人人自嚇。

第四、氣不亂人人自亂。

身心的安住

我們經常會被問到：「你住在那裡？」為了「住」的問題，有的人一生勞碌，希望買得一間房子安住；有的人不斷搬家，也是希望找到好房子居住。其實，就是有好的房屋，好的房間，你如果不安心，無論華廈美屋，或是洋房別墅，一樣的不快樂。

身心不得安住，是人生苦惱的根源，如《大乘本生心地觀經》說的：「心如怨家，能令自身受大苦！」身心不安，讓你覺得不對勁、不完美、不圓滿，所以昔日有禪宗二祖慧可翻山越嶺，拜謁達摩祖師，只求為其安心。吾人所以不能安頓身心，也是因為錯把身心住在人我是非憂慮苦惱中，住在患得患失比較中，住在無止貪慾中，住在顛倒恐懼中。所以，除了有形的房屋外，你的身心要住在那裡？有四點參考：

第一、安住在發心上：省庵大師說：「入道要門，發心為首。」佛教的百千法門中，「發心」最為重要。發心就是開發心地，發心就是開發自己。發心，就會有方法迎刃而解；發心，就會有力量勇敢承擔。我發心作務、發心工作、發心修持，發心利人，所謂「但願眾生得離苦，不為自己求安樂」。發心，言行一定誠意；發心，內在不愧不怍。

第二、安住在道念上：每一個人都要有道德的觀念，所謂「道德的觀念」就是自覺要認真工作、要精勤修持、要熱心助人、要為公無私等等信念想法，對自己有一種「嚴以律己，寬以待人」的要求態度。古人有云：「能知隱晦心常泰，不戀繁華性自真」，自知隱晦，心裡就能泰然；不為虛華，本性就會現前。「常樂柔和忍辱法，安住慈悲喜捨中。」就是安住在慈悲法喜、真理滿足的道念之中。

第三、安住在學習上：學習，是一件快樂的事，將學習視為生活中的樂趣，你就能安住身心。所以，前人有云：「活到老，學到老」，政府也鼓勵大家「終身學習」。胡適先生說：「為學有如金字塔，要能廣博要能高。」佛門也有謂「法門無量誓願學」，世間法要學習，佛法要學習，應用技能也要學習，你遍學一切法，還怕身心不能安住嗎？

第四、安住在體諒上：體諒，是將矛盾、衝突歸於平靜祥和的潤滑劑。體諒，是一種寬容、是一種涵養、是一種氣度、是一種真心。人與人相處，能寬容別人的得失，是非對錯，也能包容他、體諒他。有言：「海不辭水為同事，水不辭海德具尊」。建立這種體諒包容、互尊互重的互動關係，容納別人、接受別人，還怕身心不能和諧平衡？

「身定，則無環境的束縛；心空，則無煩惱的障礙」。身心安住是圓滿生命、擁有快樂的關鍵。將身心安住在所謂發心、道念、學習、體諒上，必定能獲得身心的自在。

所以，身心要安住在那裡呢？

第一、安住在發心上。

第二、安住在道念上。

第三、安住在學習上。

第四、安住在體諒上。

李蕭錕繪

轉心的重要

台灣話說小孩子到了青春期，有所謂「轉大人」，才能更成熟；表演者到了某個階段，也有所謂「轉型期」，才有更大的演出舞台。人生要「轉」才能成長，吾人的心也是要「轉」，才能開闊。到底如何轉心？以下四點意見：

第一、不貪心而喜捨：貪的習氣會讓我們對於外在一切人事物、感受、財富、名位等，無有厭足，奔馳追逐，惹得身心不得止息清淨。如果能轉貪心為喜捨心，就能分享給大眾，廣結善緣；能捨去慳貪之心，就會無所罣礙，獲得自在。

第二、不抱怨而仁慈：怨是心有不平而積累的情緒。怨氣引生恨意，怨言招致誤會，抱怨損人不利己，哀怨自憐不討喜，不但無法解決事情和問題，可能演變得更糟，可說是一無是處。如果能將抱怨轉為仁慈，人慈悲了，心地也柔軟了，智慧就會生出，所謂「慈悲無障礙，智慧遍十方」，一定可以化解許多問題。

第三、不懶惰而勤勞：懶惰是一種病，有許多過患，如散漫、閒逸、他人嫌惡、內心無所著落等。反之，勤是精進不懈，勞是付出努力，如古德所云：「衣不天降，食不地湧；一衣一食，皆必出自勞動。」因此，轉懶惰而勤勞，會受人肯定，受人尊重。

第四、不執著而明理：經典說，執由虛妄分別之心，對事物或事理固執不捨，又稱迷執、執著、計著。它會讓我們無法認清真相，也不能認識真理，因而種種煩惱妄想繫縛，難以解脫。假如你能放下一分執著，就少一分癡迷；少去一分疑迷，就增長一分明理，人生也就多一分智慧與圓融。

「轉」很好，稻田轉作之後，可以增加農民的收益；峰迴路轉之後，會有另一片新天地。只要我們的心一轉，人生有無量的可能，未來有無窮的希望，生活有無限的機會，心靈有無邊的空間。以上四點「轉心」，提供吾人參考。

第一、不貪心而喜捨。

第二、不抱怨而仁慈。

第三、不懶惰而勤勞。

第四、不執著而明理。

調心

琴弦要調，聲音才能不急不緩、悅耳動聽；煮菜要調，味道才能濃淡適中、味美可口；平時我們的心能夠無二用，一心一意當然很好，但是它有時候心猿意馬、猶疑不定，或是經常忐忑不安、昏昧不明，這個時候就要調了。調心有四點如下：

第一、心不細，則處事不周：一般人有謂「膽大心細」，你無論做什麼，除了大膽放手勇於嘗試外，心也要細密，才能周顧十方；而禪門也說「事不厭細」，藉此來叮嚀學者在修行中，須時時警惕，不可輕忽慢心。心細，才不會處事不周；心細，才不會掛一漏萬。

第二、心不定，則臨事不穩：家不穩，令人罣念；心不穩，使人不安，做事也就無從妥貼穩當。因此，我們的心要有一股穩安的力量。假如你能有一顆如如不動的心，無論遇到什麼事，管它外境變化動亂，吾心不變、不動，那麼你就能「似海之深，如山之固」，身安心穩，不為任何煩惱所惑。

第三、心不善，則做事不正：我們的心，一分為二，一個是惡，一個是善，做人處世、舉心動念之間，都要自問一下我們的心，有沒有損人利己，那就是不善；我的心會不會與人有害，那就是不正。去惡向善，才會有光明，才會有前途。

第四、心不淨，則行事不明：一池清淨的水，天上的月亮、人的影子都會如實倒映；一面光潔的鏡子，也能反射一切事物。

我們的心裡也是一樣，心混濁了，行事也會跟著混亂不明；反之，心一清淨，誰好、誰不好，馬上就很明白；心一清淨，做事就能條理清楚。

心要用到正的方面，不能用到歪的上面；心要用在好的地方，不能用在壞的地方。佛經裡說，心如工畫師，能畫種種物；心也像國王，可以命令指揮眼耳鼻舌身為它所用；心又如盜賊，如果不好好地調伏他，就會為非作歹。

因此，如何調心，就很重要了。調心有四：

第一、心不細，則處事不周。

第二、心不定，則臨事不穩。

第三、心不善，則做事不正。

第四、心不淨，則行事不明。

萬事由心

佛法講「三界唯心，萬法唯識」，世間上的千差萬別，都是由我們的心所變現。內心歡喜，則歡喜的氣氛隨之而到，看什麼都如意；內心不平，則事事不能順心，見什麼都厭惡。萬事由心，所以我們要好好觀照這顆心，有四點意見：

第一、心模糊，萬事不入耳目：心要明朗清晰，才能以智慧洞澈事物的本質；心若模糊不清，則將視而不見，聽而不聞，食而無味，學習的成果也就有限。好比視力模糊，則看不清事物的真實面；訊息傳遞模糊，則是非不能明，難以做決策；讀書心不在焉，則有斷章取義之險。所謂「心安茅屋穩，性定菜根香。」要先穩定自己的心性，心地才能清明而不模糊，也才能專心意志。

第二、心疏忽，萬事不可收拾：心不可疏忽，疏忽了，小則人我嫌隙，大則危害生命。《關尹子》曰：「勿輕小事，小隙沉舟；勿輕小物，小蟲毒身。」綜觀社會，因為一時的疏忽，釀禍成災的案例比比皆是，舉凡火災、車禍都是。因此，凡事應當謹慎，語言疏忽，是是非非就多；人我疏忽，摯友也可能反目。總之，謹慎小心，總比事後的懊悔不及好。

第三、心執著，萬事不得自在：心有所偏頗、心有所計較、心有所執著，則萬千的事情都不能得到本來面目，亦不能回歸自然。所以，凡事要能看得開，看得開就能安心；思想要通達，能通達才能面面俱到。心不執著，煩惱魔軍不攻自破；心有

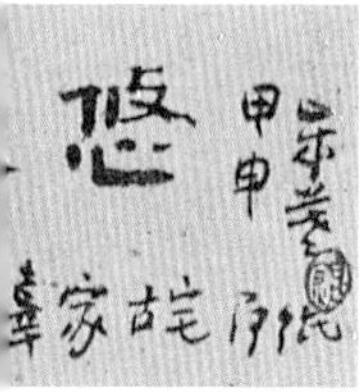

執著，身心不得安寧。因此，要給自己多一點轉圜的餘地，人生才能過得如魚得水，自由自在。

第四、心罣礙，萬事不能適意：許多人本來日子可以過得安然適意的，卻因為罣礙著名利、罣礙著錢財、罣礙著親朋故舊、罣礙著種種人我是非，甚至美醜胖瘦，而不得快樂。

所以，想要獲得歡喜，要先讓自己跳脫功利、本位主義所帶來的

李蕭錕繪

牽掛，才能感受到淡然喜悅。一個人不願將心門打開，就無法自我突破極限；反之，心中充滿快樂的人，散發出來的也會是快樂的氣氛，帶給人的也是歡喜和樂。

人的身體就好比一座村莊，心就是村長，領導著村民──眼、耳、鼻、舌、身步向正軌，盡其所能發揮效用。心模糊了、心疏忽了、心執著了、心罣礙了，所行所為，就將漏洞百出，不能圓滿。「萬事由心」，所以要時刻省察自己：

第一、心模糊，萬事不入耳目。

第二、心疏忽，萬事不可收拾。

第三、心執著，萬事不得自在。

第四、心罣礙，萬事不能適意。

修心學佛

我們一個人每天要用手做事，用口講話，用頭腦思考，這都是「心」在主導這些行為。因為「心」是眼、耳、鼻、舌、身的主人，心動了，五根也跟著動，「心」可以說是一切善惡行為的根本，所以要修「心」學佛。如何修學？提出以下四點意見：

第一、於惡友所，不起瞋心：朋友相處當中，有時也會遇到壞朋友，所謂惡友，就像惡犬，你打牠一下，牠可能咬你更兇。因此遇到惡人，縱使有不以為然或看法不同時，也不隨便起瞋恨心。有一次鄭靈公請諸大夫到府餐宴，因故獨漏了公子宋。公子宋認為自己受到怠慢，於是在賓客開宴之前，在朝堂上，搶先用指頭在大鼎中蘸湯嚐了一口，表示吃到「異味」

後，便離開了。此舉惹得鄭靈公大怒，揚言殺掉公子宋；沒想到公子宋聽到消息，早一步滅了鄭靈公。身居惡友之所，不宜瞋怒，實是保身之道。

第二、住於大慈，能容異己：社會的安定是每個人的希望，維持社會的和諧，更是每個人應盡責任與義務。我交朋友，把自己定位在大慈悲上，雖然你和我的想法不同、職業不同、年齡不同、志向不同，不過沒有關係，我們可以彼此包容。人人以慈悲安住身心，如彌勒菩薩以大肚涵容一切，如觀音菩薩以慈眼視眾生，包容與我不同思想，不同信仰，不同性別，不同種族的人，如此社會自然祥和。

第三、深樂正法，勤求無厭：我們的心總是向外追逐，希冀獲得滿足與快樂，不斷追求的結果，卻只有獲得心靈的空虛與煩惱。《維摩經》說：「吾有法樂，不樂世俗之樂。」當你聽聞正法，追求正當的宗教、正

李蕭錕繪

當的信仰，感到正法之味如飲甘露，心生愛樂，你會勤奮求法而不會感到疲厭，因為在樂法之中，獲得更多的法喜。

第四：念佛學佛，心中有佛：念佛學佛的人有很多種，有的人喜歡念佛繞佛，有的人喜歡參禪打坐，有的人禮懺拜佛，有的實踐行佛，不管何種方式，你心中不斷觀想佛是什麼樣子、淨土是什麼樣子，經常觀想佛像莊嚴，思維法義，自然佛常在心中。心中有佛，以佛心看待一切，世間萬相皆美，現前即成淨土。

修心學佛，與人相處懂得以和為貴；修心學佛，包容與我不同的人事物；修心學佛，勤修正知正見，息滅貪瞋癡苦；心中有佛，視一切人如佛，那麼你就是「常不輕菩薩」了。如何修心學佛？提供四點意見。

第一、於惡友所，不起瞋心。

第二、住於大慈，能容異己。

第三、深樂正法，勤求無厭。

第四、念佛學佛，心中有佛。

心的秘密

人常常隱藏許多難以啟齒的秘密，因為沒有辦法告訴別人，只能埋藏在心裡，日久就會發酵，成為煩惱。甚至因為對自己的心認識不清，因此愚癡，成為無明，所以我們要找出「心的秘密」，有四點：

第一、心中有話口難開：有一首歌叫「愛你在心口難開」，其實有很多人不只是有愛不敢表達，有時候心裡有話也不敢說出口，或是不方便說、不能說、不肯說。所謂「凡人不開口，神仙難下手」，心中有話口難開，別人想幫也幫不上忙，只有深藏自己心底，成為永遠的秘密。

第二、心在何處難尋覓：每個人都有一定的住所，知道自己住在何處。但是我們的心究竟住在哪裡？卻沒有幾人明白。有的人以為心就住在形骸裡面，其實不然，有時候我們人明明坐在這裡，而心卻跑到千里以外。在《楞嚴經》裡描述阿難尊者「七處徵心」的事，探究我們的心究竟在身體之內？或在身體之外？或者在內外之間等等。結論是心沒有確定的住所。所謂「上窮碧落下黃泉」，心在何處難尋找，甚至心是什麼？心究竟在思考些什麼？認識自己的人，固然能夠了然明白，不認識自己的人，它就成為教人難以捉摸的秘密了。

第三、心生萬物隨識現：佛教的唯識家認為「三界唯心，萬法唯識」；又說「心生則一切法生，心滅則一切法滅。」認為宇宙世間所有的一切，都是隨著我人的心識顯現而來；因為透過心的分別，才有世間的森羅萬象，所以我們的心裡有無限的寶藏。所謂「心生萬物隨識現，心有寶藏體無窮。」懂得此中道理的人，從心裡發出信仰，信仰就有力量；從心裡發出慈悲，慈悲可以給人歡喜；不認同此理的人，心的力量就是個不可解的秘密。

第四、心病還需心藥醫：平常我們的身體生病了，都懂得去看醫生，吃藥、打針，做種種的治療；心裡有了毛病，如何醫治呢？所謂「心病還需心藥醫」，心理生病，必須要心藥來醫療。什麼是「心藥」？例如，心中的貪、瞋、癡，就要用戒、定、慧來治療，這是療治心病的有效良藥，也是治心的秘密武器。平常我們總怨怪別人不了解自己，其實自己又何嘗了解自己，對自己的心又有多少的認識呢？所以「心的秘密」值得探究：

- 第一、心中有話口難開。
- 第二、心在何處難尋覓。
- 第三、心生萬物隨識現。
- 第四、心病還需心藥醫。

平常心是道

佛教講「平常心是道」，平時我們也常常聽到有人說要用平常心做人，要用平常心處事。「平常心」究竟是什麼意思，怎樣才能保有一顆「平常心」？有四點看法：

第一、失意事來，治之以忍：《史記·汲鄭列傳》說：「一死一生，乃知交情；一貧一富，乃知交態；一貴一賤，交情乃見。」一個人失意的時候，最能感受「人情冷暖，世態炎涼」。有的人因此自怨自艾，消極頹唐；有的人則怨天尤人，憤世嫉俗，這都是一種負面的情緒作用。真正有修養的人，儘管世情澆薄，我以一忍治之，自能不以物喜，不以己悲，所以能忍的人，他就是有平常心。

第二、快心事來，處之以淡：「人逢喜事精神爽」，遇快心事時，一般人莫不是歡天喜地，欣喜若狂，恨不得天下人都能分享他的快樂。「喜形於色」固是人之常情，然而能如謝安在「淝水之戰」，姪兒謝玄以寡擊眾，取得勝利後，消息傳來，猶能奕棋如常，不動聲色。這種「快心事來，處之以淡」，就是一種平常心。

第三、榮寵事來，置之以讓：人有榮譽之心，而後知所向上，值得嘉許。然而自古以來多少文武大臣、後宮佳麗，為了爭寵顯榮，彼此勾心鬥角，甚至導致政爭戰亂，禍國殃民，反而罵名千古。所以，榮寵不是爭取而來的，所謂「實至名歸」，名實不符，有時候求榮反辱；能夠洞澈此中道理，在榮寵之前，以平常心視之，就是明哲保身之道。

第四、怨恨事來，安之以退：人有不平，易生怨恨。怨恨猶如一把雙刃刀，傷人又傷己。遇有委屈不平時，不必難過、不必計較，何妨退一步想；能以平常心安之以退，自能泰然自適，則怨恨無由生起。

平常心是一種透析世情，了悟人生的智慧；能以平常心處世，自能「超然物外見真章」。如何保有一顆「平常心」？有四點：

第一、失意事來，治之以忍。

第二、快心事來，處之以淡。

第三、榮寵事來，置之以讓。

第四、怨恨事來，安之以退。

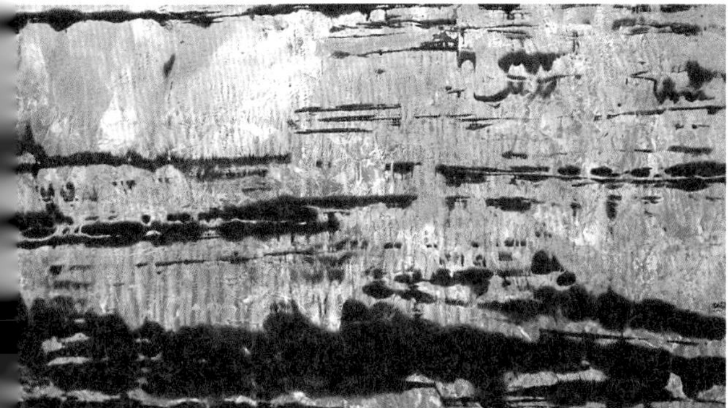

李蕭錕繪

心的妙用

《華嚴經》說：「心如工畫師，能畫諸世間；五陰悉從生，無法而不造。」我們心就像畫家，不但能彩繪世間的種種，心更像工廠，無物而不造。心的妙用無窮，有四點譬喻：

第一、心如大地，普載萬物：大地是人類的母親，孕育了人類的文明，他無我無私的普載萬物，所以被尊為慈母。我們的心，也像大地一樣，所謂「心包太虛，量周沙界」，只要我們能敞開心胸，接納宇宙萬物，就能如天如地一樣，無所不包，無所不含。

第二、心如橋樑，給人方便：自古以來，許多善心人士鋪橋造路，為的就是給人方便。試想，江河之上、深壑之間，如果沒有橋樑的溝通，將會帶來多大的不便？我們的心也像橋樑一樣，只要我們常存慈悲之心，處處與人為善，時時給人歡喜、給人希望、給人信心、給人方便，我們的心就像一座無形的橋樑，不但方便了別人，也溝通了人我。

第三、心如大海，容納眾流：大海容納百川，不管江河溪流，無不匯歸大海；大海因為不揀細流，所以能成其大。我們的心「一念三千」，十法界都在我們的一心之中，因此只要我們能大其心，像彌勒菩薩一樣，容天下難容之事，把世間的好好壞壞都包容在一心之中，我們就能笑口常開，笑盡天下古今愁。

第四、心如虛空，包容萬象：世界上最大的東西是什麼？是虛空；虛空能包容萬物，也不罣礙萬物的存在。然而，「虛空非大，心王為大」，我們的心堪比虛空。明朝開國皇帝朱元璋當沙彌時曾寫下一首詩：「天為羅帳地為氈，日月星辰伴我眠；夜間不敢長伸足，恐怕踏破海底天。」說明心量宏大的人，必有容人容物容事的胸襟。因此，我們要像包容萬物的虛空，容納異己，不排斥異己的存在，才能「有容乃大」！

有一道謎題說：「三點若星相，橫勾似月斜；披毛因它起，成佛也由它。」答案就是「心」。心之一字，筆畫簡單，卻是妙用無窮。

「心的妙用」有四點：

第一、心如大地，普載萬物。

第二、心如橋樑，給人方便。

第三、心如大海，容納眾流。

第四、心如虛空，包容萬象。

治心

「大學之道，在明明德，在親民，在止於至善。」儒家認為，人生來即具有善良的德性，日後雖受到環境變易衝擊的影響，或因個人拘泥偏狹的執著，使光明的善德受到蒙蔽，因此亟需透過教化和自覺的過程，讓自性的光明善美能夠彰顯。如何治心，以下四點提供參考：

一、改心為好：作家潤飾文章，畫家修正作品，都是藉由不斷地改進，讓作品能完美的呈現。曹溪云：「常見自己過，與道即相當。」我們要當自己的醫生，勇於向自己的毛病開刀，生活惡習要改進；思想偏

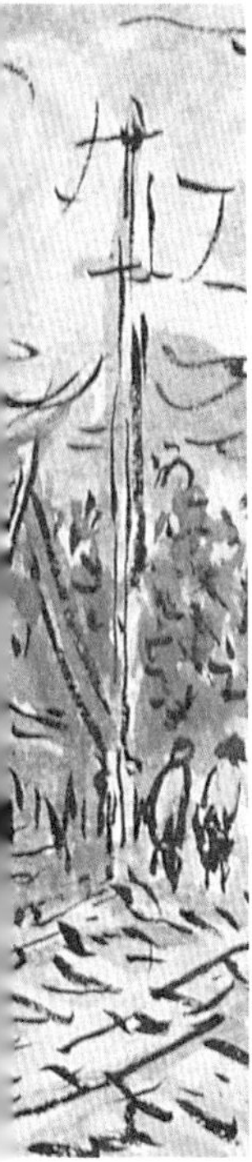
李蕭錕繪

差要改正；說話錯誤要改過。一個不知道自己毛病的人，如何獲得健康？唯有時時懺悔、反省自身言行，努力改過，才能生起智慧。

二、修心為正：

我們的色身有老病死諸苦，心理上有貪瞋癡等煩惱，因此一個人除了修身，還要修心。我們

的心如猿猴難以掌握；貪瞋癡三毒，經常羈絆著我們，時刻盤據心靈，污染我們清淨的本性。求道路上，要想遠離三毒的侵害，就必須以堅韌的力量憶念正法，具足柔軟、慈悲、清淨、無恚的心，使我們的思維時時和正法相應，趨向光明的大道。

三、用心為道：道是我們走向圓滿生命的正途。道在哪裡？道在生活、在發心、在眾生中、在慈悲裡，道無處不在。吾人須用心在慈悲、恭敬、正信、發心、忍辱中，才能與道相應。平日要能展現群我相處的美德，將歡喜布施予人；將利益與人分享。更要用心培養待人寬弘的雅量；處世平等的真誠；對眾生尊重的言行和自己覺醒的修養，如此進德修業，必定能導正人心，為社會帶來祥和安樂。

四、明心為悟：語云：「玉不琢不成器。」銅鏡也是如此，若不勤加拂拭鏡面則無法明亮；越是上等藝術品，所需的琢磨功夫越多。佛說：「一切眾生皆有如來智慧德相，只因妄想執著不能證得。」吾人的心如同烏雲遮蔽了陽光，唯有除去煩惱的烏雲，才能顯露真如本性。如何驅除煩惱的烏雲呢？唯有靠修行的力量，才能識得自己的本來面目，證得真如實相。

「人身難得今已得，佛法難聞今已聞；此身不向今生度，更待何生度此生？」因此應該好好珍惜人身，把握今生，只要我們把人做好，把人道完成，其實就已經邁向成佛之道了。

第一、改心為好。

第二、修心為正。

第三、用心為道。

第四、明心為悟。

濟世之心

大乘菩薩道，即是以利行大眾。阿彌陀佛的三根普被，釋迦文佛的示教利喜，觀音菩薩的慈悲普度，勢至菩薩的大喜大捨，地藏菩薩的大願救苦，普賢菩薩的恆順眾生，都是利行的最佳典範。那麼吾人以什麼來服務大眾，利濟有情呢？提供四點意見：

李蕭錕繪

第一、淨心修天下之道：對一個菩薩行者而言，世間一切能夠利益眾生、圓滿生命的法門，都是我們所必須學習的，佛教的四弘誓願中說：「法門無量誓願學」，學

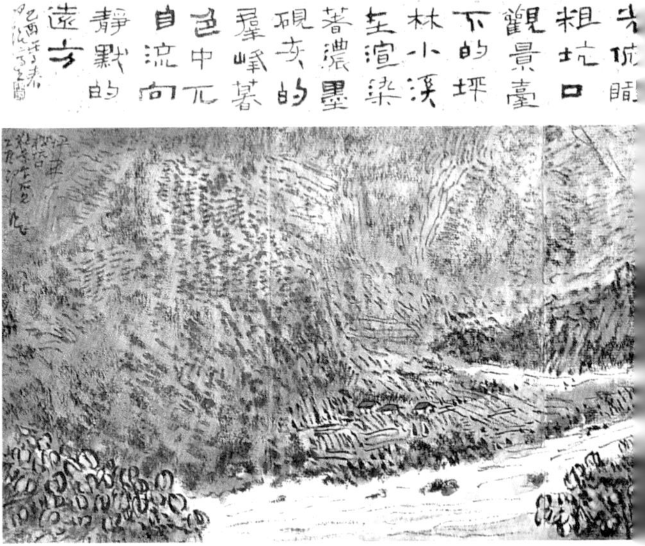

習人間菩薩的萬行，更需要體認這層意義，抱持菩薩遍學一切的志願胸襟，時時進修，時時努力。經云：「佛法無量義，一以淨為本。」唯有以清淨的三業來受持佛法，讓修道心保持在正念上，才能自他受益，普濟群倫。

第二、平心論天下之事：種族間的相互歧視、宗教間的意見不一、稱霸群雄的貪欲誘惑，國際間難有寧日。加上現今科技發達，武器的功能日新月異，人類對戰爭的畏懼益深，渴望和平的呼聲水漲船高，雖有禁武、限核等高峰會議的舉行，使和平的腳步邁開，卻杜絕不了戰爭的發生。解決之道，需要事理配合、行解並重等各方面的考量，非僅去除表面的亂象。吾人面對詭譎多變的世局，分析或論時事，需要多一分客觀超然與理性平和的態度。

第三、悲心濟天下之急：菩薩以六度四攝關愛一切眾生，所以悲心不只是理念上的了解，更要有行動上的實踐。例如滎西和尚應時布施的善行，鐵眼禪師利濟群生的義舉，都是悲心濟世的典範。孟子說：「無惻隱之心，無羞惡之心，無辭讓之心，無是非之心者，皆是非人。」如果大家都能秉持「但願眾生得離苦，不為自己求安樂」的悲心，相信利生濟世的事業必定能夠恆久綿延。

第四、慈心容天下之人：做人要能包容異己，人格才能崇高。《菜根譚》云：「地之穢者多生物，水之清者常無魚。」說明厚德載物，雅量容人的人生哲理。佛陀開示我們「戒除我執、法執」的寶訓，即是教導我們要能包容異己，體會因緣和合、互相依存的真理。佛教的慈悲即是視人如己，立場互易，對於親人或仇敵、有緣與無緣都能慈悲相待，付出真心。

吾人本著淨心、平心、悲心、慈心的理念匡時濟世，服務群生，則佛國淨土，人間即是。

第一、淨心修天下之道。

第二、平心論天下之事。

第三、悲心濟天下之急。

第四、慈心容天下之人。

點亮心靈的燈光（一）

天色昏黑，路燈提供照明，維護了行人的安全；室內昏暗，電燈放射亮光，去除了夜晚暗昧的恐懼。黑暗，給人一種充滿未知的擔憂；光明，則讓人有坦然無懼的安全感。因此，點亮心靈的燈光，才能褪去煩惱，驅除不安，而散發出本自具足的良善與自在。我們要點亮什麼燈光呢？

第一、點亮家庭倫理的心燈：「哀哀父母，生我劬勞」，孩子小時，父母為了他們的成長及教育，辛勤的工作賺錢；及長，又擔心孩子的婚姻、事業等等，可謂對子女一生皆關懷備至。但是現代社會上，家庭暴力事件的層出不窮，讓人不禁唏嘘，到底是人類的道德良知不見，還是罔顧父母的養育之恩呢？不懂得孝敬父母的人，就是沒有感恩心的人，不知感恩的人又如何在團體中融和相處？所以，上下相敬才能建構家庭的和樂。

第二、點亮尊敬和諧的心燈：小從人與人的相處，大至國與國的往來，都因為「互敬互重」而得友誼。戰爭源於內心仇恨的宣洩，來自心中的不和諧。因此消弭瞋恚之火，創造和諧的人生，才能為生命注入意義，才能為世界的和平帶來希望。本著世上每一個人都和我有因緣的同體共生思想，讓我們一起點亮尊敬和諧的心燈，促使人我無怨、社會無諍、世界和平。

第三、點亮祝福友愛的心燈：世界上有很多人正處於不幸中，不論是疾病的侵襲、親人的逝去，或是水火風災、戰雲密布，度一日就如同過一年般痛苦難耐。但也有許多人正為金榜題名、新婚誌喜、升官發財而雀躍不已。情況雖有兩極，我們的祝福友愛卻不能少，祝禱苦難者得以逢凶化吉，祝福歡喜者得以散播歡喜滿人間。

第四、點亮互助包容的心燈：每個人來自不同的生活背景，儘管有著不同的思想、不同的性格、不同的行事作風，但是彼此「互助包容」卻不可少。每個人皆有所不足，需要別人來補其短；每個人皆有所長，應當盡力幫助需要幫助的人。在一來一往的合作中，建立共識；在一舉一動的包容中，消除隔閡，共同營造一個互助包容的生活環境。

人人需要光明，有光明，生活才會多彩多姿，生命才能發揮力量，讓我們打開心扉，點亮心靈的燈光，迎向光明。

- 第一、點亮家庭倫理的心燈。
- 第二、點亮尊敬和諧的心燈。
- 第三、點亮祝福友愛的心燈。
- 第四、點亮互助包容的心燈。

點亮心靈的燈光(二)

宋朝茶陵郁禪師的偈寫道：「我有明珠一顆，久被塵勞封鎖，今朝塵盡光生，照破山河萬朵。」人人皆有清淨的本心，只因煩惱妄想而不能顯露，只要妄心去除，就能回歸清淨自性。每個人心中都有一盞明燈，只要我們願意打破黑暗，做一位主動開燈的人，光明就會即時來到。點亮心靈的燈光，有以下四點：

第一、點亮守法服務的心燈：一個國家有法律，自能福國利民；一個團體有制度，才能長久經營；一個人內心有規矩，君子風度才能顯發。所以人人守法，社會才能安寧，人心才能安定。服務來自於內心志願幫助他人，如教師為學子服務、公司為客戶服務、商店為顧客服務，乃至童子軍日行一善，藉由服務可以增進彼此的交流往來，藉由服務就能廣結善緣。

第二、點亮勤勞節儉的心燈：「流水不腐，戶樞不蠹，以其勞動不息。」人生要有朝氣，要不斷為自己注入生命的活水。思想要深入，須勤於動腦；文筆要精練，應勤於動筆；口才要練達，要勤於講說。節儉是中國傳統美德，凡事不貪心，物質的欲望就會降低，耗費的金錢就會減少。除了金錢的節省，物品的愛惜，其他如不貪、不瞋、不癡、惜時、淡薄，也都是心性上的儉約，心靈上的財富。

第三、點亮忍讓和平的心燈：世間最大的力量就是忍耐。《六祖壇經》云：「讓則尊卑和睦，忍則眾惡無喧。」為了息事寧人，忍讓和平是促進彼此和諧的調和劑。做人處事，橫衝直撞未必能帶來成功，甚至還會招致責怪怨懟；將心定下來，仔細思量後，能以退為進，何嘗不能卓然有成？

第四、點亮般若智慧的心燈：人光有聰明是不夠的，有時聰明反被聰明所誤；擁有智慧，凡事才能洞察秋毫。家庭的和睦，需賴尊重包容的智慧來建立；經濟的復甦，需有勤奮踏實的智慧來努力；國家的安定，需以信念一致的智慧來成就；人際的和諧，則需靠彼此信賴的智慧來維持。點亮心中般若智慧的燈光，就能看清楚方向，諸事無礙，而成就大局。

讓我們點亮心靈的燈光，照亮黑暗的每一個角落，而能「無有恐怖，遠離顛倒夢想。」

- 第一、點亮守法服務的心燈。
- 第二、點亮勤勞節儉的心燈。
- 第三、點亮忍讓和平的心燈。
- 第四、點亮般若智慧的心燈。

恆心的力量

要增長自己的力量，恆心最為重要。你有恆心就能持久，你有恆心就有力量。功虧一簣或半途而廢都不能成功。什麼是恆心的力量？有以下四點：

第一、一日一錢，千日千錢：一天存一塊錢，千日下來，就存了一千塊；一天做一件善事，即使只是小事，千日之後，就做了一千件善事；假如你一天說一句好話，三年千日，就說了千句好話。因此，不要以為「一」很小，一天一天的增長，累積之後，那就是千千萬萬，萬萬千千。

第二、每念小悟，集小為大：所謂：「不辭小水，方能成就海洋；不積小善，無以圓滿至德。」學佛修行，貴在每個念頭不斷反觀自省，不斷的覺悟，可能只是小小的了悟，但慢慢明白，漸漸增長，集小為大，久而

李蕭錕繪（局部）

久之，就會有一個大徹大悟。

第三、柔繩為鋸，堅木可斷：木頭堅硬，繩子柔軟，只要有恆心，再堅硬的木頭，都會給柔繩把它鋸斷。煩惱也是一樣，經典形容煩惱如木軛架在頸上，縛得人們無法出離、喘息。但只要以慈悲心、智慧心、柔軟心為繩，必定會有將煩惱鋸斷的時候。

第四、滴水雖微，可以穿

石：岩洞的鐘乳石，一毫一分，經過萬千年的累積而成形；海邊的巨石，不斷給海水衝擊，而成千瘡百孔。不要以為一滴水很小，它可以滴穿石頭。所以，微小不怕，只要耐煩有恆，時間的浪潮，會將小人物推向時代的前端；只要腳踏實地，歷史的巨手，也會將小因緣聚合成豐功偉業。

因此，只要有恆心，無論做什麼，歷史會肯定我們的定位，大眾會推動我們的成就，時間會帶給我們的利益，毅力會幫助我們的進步。恆心的力量有四點：

第一、一日一錢，千日千錢。

第二、每念小悟，集小為大。

第三、柔繩為鋸，堅木可斷。

第四、滴水雖微，可以穿石。

如何調心？

參禪打坐不一定是指出家人的修行，近年來，也有許多在家居士歡喜參禪打坐。它可以沉靜心靈、穩定情緒，藉此轉化身心，讓自己更有道德、智慧、勇敢、精進。參禪打坐要有方法，講究調身、調息、調心，最重要的是把心調好，身、息也就自在順暢。「如何調心」？

第一、修禪靜坐，可以收攝安心：日常生活裡，要工作、要往來、還要進修，柴米油鹽，許多繁瑣細節，忙得讓人妄想紛飛，虛妄心生。尤其外境的五欲六塵，有生有滅，感官歡樂之餘，常常伴隨著痛苦，不能永恆安樂。在熙熙攘攘中，如果每天修禪靜坐一小片刻，可以收攝安心，內心就能擁有平靜快樂。

第二、戒酒遠色，可以清淨染心：所謂「酒醉誤事，近色惹殃」，這樣的事情屢見不鮮，甚至好友聚會，都變成惡臉相向。能夠改掉不好的習慣、嗜好，遠離毒品、酗酒、好美食、貪美色，內心就不會沉淪，進而能產生正向的力量，轉染污心為清淨心。

第三、去貪離欲，可以修養真心：我們的真心不能現前，就是被貪欲蒙蔽，好比眼睛長了眼翳，看不清實相。龍牙禪師云：「一室一床一茅屋，一瓶一缽一生涯；門前縱有通村路，他家何曾是我家。」生活簡單自然，不攀外緣，雖然寒傖，卻是安身立命之處。能夠遠離貪欲，歇下妄想妄緣，真心就能現起。

第四，誦經研教，可以警惕惡心：一個人的心，善念與惡念並存，惡念多了，煩惱就多，善心強了，惡念就少。很多人以為，念經是對佛祖交待功課，其實，經不要我們念它，主要是藉由讀誦經典、研究教理，讓我們的心去除貪瞋癡惡念，以此警惕己心，就會常生善念。

第五、守道悟理，可以見性明心：真理具有普遍性、必然性、平等性、永恆性，必須用心去體悟。能守道體悟，可以見性明心。悟的那一刻，豁然通達，好像在無際的黑暗裡，電光一閃，照破無明迷霧，頓見光明燦爛的世界。如何調心？有以下這五點意見。

- 第一、修禪靜坐，可以收攝妄心。
- 第二、戒酒遠色，可以清淨染心。
- 第三、去貪離欲，可以修養真心。
- 第四、誦經研教，可以警惕惡心。
- 第五、守道悟理，可以見性明心。

心的調整

桌椅歪了要調整，才會整齊，琴弦鬆了要調弦，才會好聽；路走偏了不調整，就不能到達目的；車偏離線道不調整，災禍就要發生。同樣的，我們的心也會有顛倒迷惘的時候，需要調整，才能正常生活，平安自在。如何調心，以下四點提供：

第一、歡笑由內心升起：現代人生活緊張，習慣壓抑情緒，久而久之，造成憂鬱煩惱，徒傷心神。有云：「一笑解千愁」，歡笑能舒解壓力，達到和緩功效，因此，要常常從內心製造歡喜。像丹麥曾舉行大笑活動，讓人民輕鬆歡笑，保持健康快樂。內心常保愉悅，拉抬精神，不但有益身心的和諧與平衡，更能為生活周遭增添歡喜。

第二、快樂用真情感受：有人以追求金錢、物質、名位、愛情為快樂，這原本也屬自然，但更重要的是，追求背後的真情真心。人與人真情相待，情意交流，溫馨感動；男女真情交往，才能彼此忠誠，相互信賴；為政者以真情待眾，必得人心擁戴；從商者以真情往來，賺取情義無限。這些無形的真情獲得，才是真正的歡喜快樂，因此要感受快樂的真實，唯在點點滴滴出自真情。

第三、肚量要胸懷大眾：世間上，人與人之間的紛爭、煩惱，皆出於氣度狹小，只想到自己。想要泯滅戰爭、歧視、人我糾紛，唯有胸懷大眾，時常想到自他平等。故儒家講「人溺己溺，人飢己飢」、「四海之內皆兄弟」，體現民胞物與的胸懷；佛教則以「無緣大慈，同體大悲」，發揚同體共生的精神，如此，人心才能和諧，人間才有和平。

第四、做事宜心甘情願：做事，能夠心甘情願、發心奉獻，工作起來不但不覺得累，反而快樂無比，擁有不絕的精力。反之，你滿懷抱怨、心生懈怠，情緒紛亂外，事事受到阻礙，工作效率無法提昇，達不到好的功績。因此，以心甘情願的態度來做事，累時不覺累，苦時不覺苦，難時不覺難，具足勇氣解決問題，進而無事不辦。

「心」能左右一個人的成功或失敗、歡喜或悲傷、失意或得意。生活中，能做到以上四點，時時調整我們的心，則能日漸開闊，心生喜樂。

- 第一、歡笑由內心升起。
- 第二、快樂用真情感受。
- 第三、肚量要胸懷大眾。
- 第四、做事宜心甘情願。

涵養身心之妙

人都希望受人喜愛，取勝的關鍵不在外貌上，而是內心散發出的氣質、風度和涵養。這樣的人，凡事講道、講理，不計較、不粗言，言行舉止，都能展現他的教養與修為，無論走到那裡，都會受人尊敬。如何涵養身心呢？可從以下四個方向著眼：

第一、有德，人必尊之：南宋理學家朱熹說：「有德者，雖年下於我，我必尊之；不肖者，雖年高於我，我必遠之。」《大智度論》也云：「內心智德薄，外善以美言，譬如竹如內，但示有其外；內心智德厚，外善以法言，譬如妙金剛，中外力皆足。」可以說，一個人受敬重，與他的地位高低、年齡大小無大相干，而在於他是否有德。

第二、有功，人必崇之：常言道：「功不可沒。」一個在自己的專長領域、本分事上付出心血，做出貢獻的人，必能為世人所推崇。像孫運璿先生，一生戮力，在其任內，帶動台灣交通發達、經濟起飛，造福人民百姓。如今，肉身雖然已經離開世間，但他的功勞卻留存史冊，受到廣大群眾的尊崇。

第三、有容，人必附之：佛陀提出「眾生平等」，《金剛經》也說：「若菩薩有我相、人相、眾生相、壽者相，即非菩薩。」就是要我們學習以無私的心胸容人、容事、容物。所以，佛陀門下弟子成道、發心度眾、為教奉獻者，不勝枚舉，不論王親國戚或販夫走卒，他都接納包容，至今，佛法得以在全世界蓬勃發展。心中容納多少，人心歸附就有多少！

第四、有量，人必從之：做大事者，有容人的雅量，則所到之處無不寬廣。像春秋五霸之一的楚莊王，寬待調戲愛妾的將士，不予降罪，這名將士以奮勇為國，打敗敵軍來感恩圖報。語云：「宰相肚裡能撐船。」上位者有量，下位者必遵從；反之，心如窄巷，事事錙銖必較，如何獲得人心？因此，要獲得人心，首要條件是擁有如大海般的心量。

如何涵養身心？唯在有德、有功、有容、有量。一旦具足，人們必定尊崇、歸附，而心嚮往之。以下這四點值得讓我們學習。

第一、有德，人必尊之。

第二、有功，人必崇之。

第三、有容，人必附之。

第四、有量，人必從之。

心靈淨化

銅鐵生銹了，用潤滑劑抹拭；身體污穢了，則用清水洗滌乾淨；我們的心靈受到污染了，應如何淨化呢？提供四點意見：

第一、用慈悲心來淨化心靈：慈悲心就是一種仁愛之心，對人有愛心、有同情心，肯去幫助別人。吾人能對別人的苦難感同身受，進而發起救苦救難之心，故經云：「菩薩以慈悲為本，於一切眾生常起饒益之心」，就是用慈悲心來淨化內心裡面的貪、瞋、欲望、愚癡、邪見，成就佛道。「寧可失去世間的一切，但不能失去慈悲心」，因為慈悲智慧是我們心靈永恆的財富，能淨化我們的心靈。

第二、用慚愧心來淨化心靈：慚，對不起自己；愧，對不起別人。知慚愧者，經常能警惕自我不能對不起自己別人、父母師長乃至社會國家，而能時時檢討反省。慚愧反省是悔過的勇氣，是開啟你我潛藏心力之鑰。正如儒家所重視的「吾日三省吾身」反省功夫。吾人透過反省檢討自己的缺失，心生大慚愧，有了這慚愧心則能內省不疚，改過遷善。

第三、用信仰心來淨化心靈：心目中的誠信、道德人格和做人的尊嚴，就是人們的道德信仰；人們對道德規範的敬重就能淨化心靈。不論我信仰佛教，或信仰什麼宗教都好，因為有信仰，就有道德的觀念，就有法治的觀念，就能克己利人。

第四、用般若心來淨化心靈：般若是什麼？就是智慧。開發智慧，是改造自己愚癡的認知。人要明理，不明理則會執著、愚癡、胡作非為。所以有人說：「寧與君子理論，莫與小人計較；寧與智者爭論，不與愚者論道。」因此，用般若智慧來化導愚昧無明，來淨化自己的心靈。

吾人日常生活中，由於眼看耳聽，無形中，增加了心理的壓力與塵勞；唯有散播慈悲的種子，以慚愧法服莊嚴己身，以道德信仰增加力量，以般若法水洗滌煩惱塵埃，才能真正發揮淨化心靈之效。如何淨化？

- 第一、用慈悲心來淨化心靈。
- 第二、用慚愧心來淨化心靈。
- 第三、用信仰心來淨化心靈。
- 第四、用般若心來淨化心靈。

人心的疾病

身體有病，不管感冒、頭痛，或是腸胃不舒服等，我們都會找醫生治療。其實，人的心理也有很多毛病，例如，瞋恨、嫉妒、貪欲、愚癡、邪見等，這些都是心理的毛病。身體有病要找醫生診療；心裡有了毛病，則要靠自我治療。我們怎樣醫療心裡的毛病？首先要把心病找出來，「人心的疾病」列舉六點，提供自我審視：

第一、諂媚阿諛的病：做人要有骨氣，才能活出生命的尊嚴。有的人看到有權有勢的人就曲意奉承、逢迎拍馬，說一些違心之論，做一些不當的行為，一心討好、巴結，以圖求好處。這種善於攀附權貴、諂媚阿諛卻不以為恥的人，可謂自貶身價，失去人格，最令人看輕。

第二、奸邪不正的病：為人耿介，正直不阿，必然為人所敬重。有的人刁鑽邪惡，心術不正，處處刁難別人、給人麻煩，甚至存心設計別人、陷害別人。這種人泯滅良知，就是心靈生病了。

第三、惡口兩舌的病：愛聽是非，愛傳是非，愛說是非，這是很多人的通病。搬弄是非，就是兩舌；說話傷人，就是惡口。有的人說話總是話裡帶刀、帶刺，開口不是損人、傷人，就是挑撥離間，搬是弄非，這都是由於心裡有病，所以發之為聲，語言也跟著生病了。

第四、嫉妒瞋怒的病：有人說，女人小心眼，喜歡嫉妒、驕瞋成性。其實不一定是女人，社會上有很多人見不得別人好，只要別人比自己優秀，心裡就難過，嫉妒心就油然生起。這是由於自己不足，又不容許別人比自己出色，所以嫉妒瞋怒都是內心貧乏所引起的毛病。

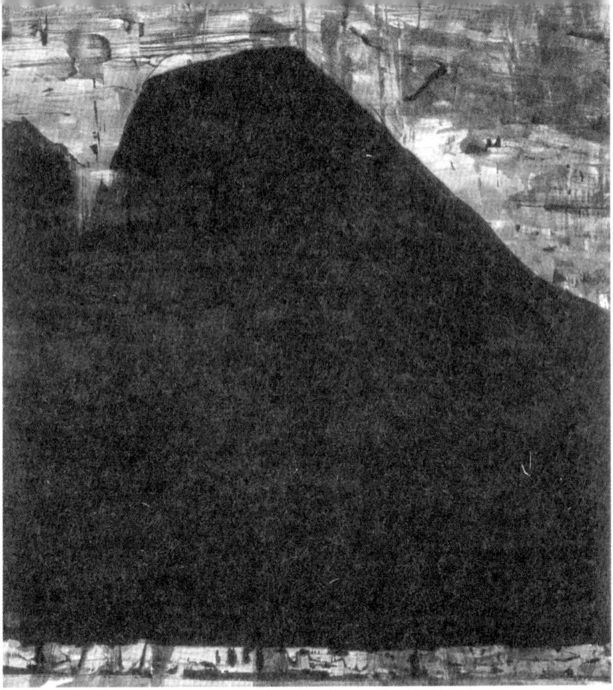

李蕭錕繪

第五、反覆無常的病：情緒陰晴不定，讓人難以捉摸；行事反覆無常，叫人無所適從。這種人往往心性脆弱，做不了自己的主人，只有聽憑外境左右，而在是非得失、好惡愛憎裡起伏波動。這種內心缺乏力量的毛病，必須自我建設才能改善。

第六、不知感恩的病：互助合作，相互成就，透過眾緣合和，我人才能生存。因此，凡是心智成熟、心靈健全的人，都應該感謝社會大眾的因緣成就。但是有的人卻將別人助成我們的善因善緣，認為是理所當然的，因此不但不知感恩，稍有不如意就怨恨、不滿，這就是內心貧窮所造成的毛病。

人的心理病態，導致行為偏差，必須靠信仰的力量、道德的重建、人格的提升才能醫治。「人心的疾病」有六點：

第一、諂媚阿諛的病。

第二、奸邪不正的病。

第三、惡口兩舌的病。

第四、嫉妒瞋怒的病。

第五、反覆無常的病。

第六、不知感恩的病。

道行法師繪

心的造業

每個人都有一顆心，心是我們的主人，心是我們的領導。你看，心叫眼睛看，眼睛就去看；心叫耳朵聽，耳朵就聽；心叫嘴巴說，嘴巴就說。心是我們的主人，它要我們怎麼做，我們就聽命從事；如果我們管理不了自己的心，任由心意起惑造業，這是很可怕的事。「心的造業」，有四點：

第一、無心傷人是罪過：我們經常看到有的人說話得罪了人，做事傷害了人，他總是解釋說：「我是無心的！」但是「無心」就能推卸責任嗎？試想，今天如果你殺了人，別人人頭落地了，難道能夠因為自己無心，別人就該倒楣？因為你的無心，就能殺人無罪嗎？所以「無心」不能當成藉口。無心傷害人從法律上講，過失殺人、誤會殺人，罪過比較輕；

但是從因果業報來看，殺業還是存在。所以吾人平時應該謹言慎行，不可以無端得罪人、傷害人、侵犯人，否則即使是無心傷人，也是罪過。

第二、妒心害人是缺德：「見不得別人好」，這是人的劣根性。有的人因為嫉妒別人好，嫉妒別人有，嫉妒別人能幹、升官發財，因此就想方設法打擊別人、陷害別人。如此妒心害人，不但有罪過，而且是不道德的。

第三、瞋心殺人是惡毒：佛經說：「瞋為毒之根，瞋滅一切善」，因此「學道先須不要瞋，瞋心未斷道休論。」人在受苦或遇到逆境時，容易生起瞋心。有人瞋心一起便隨意罵人、打人，甚至殺人，這時內心毫無慈悲心、憐愍心，只有瞋火攻心，於是再惡毒的事都做得出，這是很可怕的。佛經又說：「瞋心甚於猛火，常當防護，無令得入。劫功德賊，無過瞋恚。」

第四、疑心誤人是愚癡：懷疑和誤會，很容易在人際間築起一道無形的牆，最能破壞情誼。一個疑心病重的人，往往由於缺乏自信，因此常常對人生起疑心，經常錯怪別人、誤會別人。如此多疑之人，即使是最親密的夫妻，日久感情也會出現裂痕，可以說傷人又傷己，實在愚癡、無智。所以做人要明理，對己要有自信，對人要有誠信，這是做人成功的要件。

人之心，可好可壞；好心很可貴，壞心很可怕。我們平常講「管理」，不是要管理別人，而是要管理自己，尤其要管理好自己的心，否則任由我們的心胡亂造業，實在可怕。「心的造業」有四點：

- 第一、無心傷人是罪過。
- 第二、妒心害人是缺德。
- 第三、瞋心殺人是惡毒。
- 第四、疑心誤人是愚癡。

空靜心悟

佛教講：「萬法歸一」、「一念三千」；道教也說：「抱元守一」、「形神合一」；儒教亦云：「執中貫一」。其他各個宗教也都提到「一」，可見「一」是萬物的起源。如《華嚴經》說：「一即一切，一切即一。」「一」雖然是很小的數字，卻涵蓋了宇宙之理。

如果我們的人生，能將一個字好好運用於生活中，則生活能泰然而自在，現在我們以「空」、「靜」、「心」、「悟」四個字，來談談一個字所涵蓋的無限義理：

第一、萬變的道理在於一個「空」字：世間的千變萬化中，「空」的變化最大，就如一個房子因為有空間，所以我們可以自由的擺設物品；

兒童，因為純潔如白紙，所以可以形塑出大人們所教授的才能。「空」就像「〇」一樣，雖然什麼都沒有了，但是如果在「〇」的前面寫上一個「1」字，就成了「十」，以此類推，它可以加到無限大。人亦如此，剛出社會或一時的失意，就如「空」一樣，只要肯努力、肯付出，其未來的成就是萬變無窮的。

第二、動盪的終結在於一個「靜」字：世間上無論什麼事情，最後終歸於一個「靜」字。生命的生滅流轉、器界的成住壞空、萬物的聚散離合，不都說明「天下沒有不散的宴席」、「萬物終歸於靜」嗎？所以一切事物的好好壞壞總會過去，對於眼前的失敗，不可一潰不起；現前的成功，亦不可得意忘形，因為不論世間如何動盪，萬法如何差別，因緣的散去、改變，終歸回到原始之點。

第三、最廣的境界在於一個「心」字：人的身高有五尺、六尺，心在整個身體的比例裡，是微不足道的。但是宇宙、法界都在我們的一心之中，所謂：「心包太虛，量周沙界。」虛空可以包容萬物，我們的心就跟虛空一樣，可以包容國家、包容全世界、包容整個星球，所以最廣的境界就在吾人的一「心」之中！禪門公案說：「萬法歸一，一歸何處？」就在我們的「一」心！所以心外的空間不必去占取、執著，因為我們心內的世界比心外的空間更大！

第四、自在的生活在於一個「悟」字：生活的最高境界，就是要隨緣、隨喜、隨分，要自在、安然、解脫，這樣的生活，就建立在一個「悟」字。一個有悟境的人，他能不受物質的豐缺束縛，他的喜樂不因為貧富而有變易，就如慈航法師說：「只要自覺心安，東西南北都好。」所以有「悟」的生活，就是純真潔淨、自然灑脫的生活，是隨緣自在、輕安自如的生活，所以，我們每個人都應該讓自己的生活，有一個「悟」境的隨心。

《佛光菜根譚》說：「萬貫家財，不如一技在身；滿腹經綸，不如一善在心；高談闊論，不如一言九鼎；長篇累牘，不如一字千金。」所以一個字，可以做為自己向上的動力，也可以做為調整心性的推力。「空靜心悟」的意義為：

第一、萬變的道理在於一個「空」字。

第二、動盪的終結在於一個「靜」字。

第三、最廣的境界在於一個「心」字。

第四、自在的生活在於一個「悟」字。

卷二 如何日日增上

初學的人要增廣見聞，才能日新又新；
入門的人要增加歷練，才能更上層樓；
熟練的人更要洞悉遠見，才能豁然達觀。

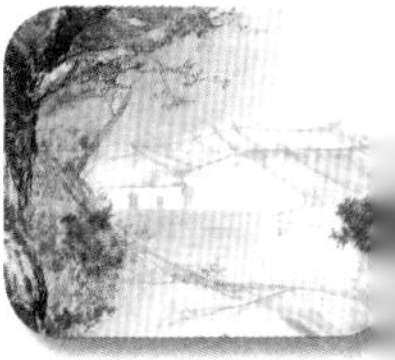

懺悔的力量

懺悔，是佛教重要的修行法門之一。懺悔是一種反省的功夫，如同衣服髒了，要用清水洗一洗才會乾淨；身心骯髒了，必須要用懺悔的法水才可以洗淨。懺悔表示認錯，你看兒童認錯了，父母就不會責罰他；甚至於犯了國家的刑法，法官判罪量刑之前，如果你有懺悔認錯之心，也能把刑責減輕一點。懺悔有很大的力量，所以每個人要不斷地懺悔，道德才能進步。關於「懺悔的力量」有四點：

第一、懺悔的明礬能潔淨污濁：《易經》云：「履校滅趾，無咎。」一人只要常常反省、懺悔、改進，就不會有過失。懺悔，就像將明礬投於一缸污濁的水中，污水經過攪拌，骯髒的部分就會沉澱下去。所以，懺悔像明礬投於污水，能去除自身的壞習性，能長養內心清淨的種子。

第二、懺悔的鍼藥能灸治百病：佛教的經典將佛陀比喻為醫師，佛法比喻為藥方，所以懺悔就像鍼藥，能醫治眾生的貪瞋愚癡。人人都希望把自己好的一面表現給別人看，壞的一面就想盡辦法掩飾。其實凡夫眾生難免會犯錯，犯了錯要勇於面對，並且真誠地懺悔，而不是一再覆藏。就如人的身體長了惡瘤，如能以利刃將它切除則能遠離病苦，進而恢復健康。所以，做了錯事要能發露懺悔；懺悔即能清淨。一個人能承認自己的錯，才能得到別人的原諒，也唯有如此，才能洗淨我們的身心，得到真正清涼。

第三、懺悔的山泉能頓除乾渴：懺悔就像清涼的泉水，當你走路走得又熱、又渴，全身汗流浹背時，喝幾口潺潺的流泉，清涼自在，暑氣頓消，很快就能恢復體力。一個人犯了過失，心中的不安就如乾渴之人，不得自在，所以人要從罪惡中重生，必須發露懺悔，才能去除熱惱，還復清淨。

第四、懺悔的導師能救護指引：懺悔，就是讓人有重生的力量，懺悔，就是給人改過自新的機會。懺悔就像導師一樣，在你「覺今是而昨非」，真誠地發露懺悔之後，徹底斷除惡念惡習，讓你有改過自新的機會，且能肯定的邁向光明之路。懺悔在我們的心裡可以產生很大的力量，它能讓我們不斷地再生、不斷地更新、不斷地進步。因此，不管任何一個宗教，都非常重視懺悔的修行。懺悔的力量有四點：

第一、懺悔的明礬能潔淨污濁。

第二、懺悔的鍼藥能灸治百病。

第三、懺悔的山泉能頓除乾渴。

第四、懺悔的導師能救護指引。

因緣果報

「法不孤起，仗境方生」，世間上的任何事事物物，都不能單獨存在，也不是突然而有，必須靠因緣合和才能生起。例如，忽然發財了，發財必有發財的原因；競選公職受人擁戴，必然也有受人愛戴的因緣條件。所謂「如是因感如是果」，任何事情的結果，都離不開因緣法，所以我們必須正見「因緣果報」的關係。有四點說明：

第一、富貴從喜捨中來：同樣是人，為什麼有人富貴，有人貧賤？當你看到別人榮華富貴，你羨慕嗎？你也想得到富貴榮華嗎？可以，你要求富貴的話，首先要肯喜捨，從喜捨中才能得到富貴。只要你肯把歡喜、慈悲、利益喜捨給人，自然就會獲得富貴的果報。

第二、家業從勤儉中來：勤儉是天然的財富，很多人的家業有成，都是靠勤儉而來。過去有個老翁，勤儉持家，多年以後終於建了一棟房子。當新居落成大宴賓客的時候，老翁請工人坐在上首的位子，讓自己的兒孫坐在下首。旁人不解，問明何故？老翁說：今天幫我建房子的是這許多工人，將來把我房子賣了的人，將是這些兒孫。意思是，兒孫不知一切得來不易，不知勤儉，終有一天會把家產揮霍殆盡。所以勤儉的人才能成家立業。

第三、善友從道義中來：朋友相處，貴在真誠；以誠待人，才能贏得人心。所以，你要結交好的朋友嗎？首先要講究信用、講究道義；你能誠信待人，時時刻刻都行得正、坐得正，才能交到講道義、存仁心的好朋友。

第四、寧靜從淡泊中來：「緊張忙碌」，可說是現代人的生活寫照，大部分的人每天無不分秒必爭，忙於工作，但最終卻發現，不知人生所為何來！所以在熙來攘往的生活裡，每個人每天都應該有一點屬於自己的生活，享受一下「寧靜」的人生意味。假如希望求得寧靜，首先要有淡泊的性格，不要一味地追求虛榮、戀慕繁華；從淡泊裡才能享有真正的寧靜。

「菩薩畏因，眾生畏果」，菩薩知道有因必然有果，因此慎防於始；凡夫眾生總是等到結果產生了才後悔，才會畏懼。甚至不種因，卻希求果報，這都是愚癡、無明的表現。所以人要有正見，要懂得因緣果報的道理。有四點提供參考：

第一、富貴從喜捨中來。

第二、家業從勤儉中來。

第三、善友從道義中來。

第四、寧靜從淡泊中來。

察言應對

我們想要認識一個人，第一步就是要先懂得察言觀色，也就是先了解他說的話，再看看他的樣子，慢慢的，我們就會對這一個人有所了解。清朝李鴻章，帶了三個人求見他的老師曾國藩，請老師分配職務，剛巧在庭園遇見曾國藩從外面散步回來。進入室內，曾國藩笑著對李鴻章說：「不用再召見了，右邊那位，垂首不敢仰視，可見他恭謹厚重，可以委派後勤補給的工作。中間那位，表面畢恭畢敬，待我走過以後，立刻左顧右盼，是個陽奉陰違的人，不可重用。左邊那位，挺直站立，雙目正視，不亢不卑，是個大將之才，應予以重用。」

曾國藩是這樣觀人，那麼我們要怎樣察言應對呢？有四點：

第一、人出巧詞，以誠相接：有的人會以他的智慧、巧辯，來跟我們交談，假如我們詞窮口拙，應對不上，沒有關係，只要以誠懇的態度、誠摯的心意來回答，還是可以得到對方的接受。

第二、人出厲詞，以婉相答：假如有的人以疾言厲色，給我們的喝斥，給我們的責怪，不要計較他的面色難看，語言苛刻。你以委婉、誠懇的態度來回答他，他的口氣也會跟著你緩和下來。

第三、人出謔詞，以默相待：當我們遇到有人說話不友善，給我們諷刺、戲謔的時候，心要沉靜下來，不受動搖，不必開口。假如你以惡言相向，就會立刻失去風度，這是很划不來的。最好的方法是學習佛陀，以默相待。「默擯治之」就是佛陀對待惡人惡言的方法。

第四、人出責詞，以禮相告：當一個人出言吐語刻薄無理時，你千萬不能和他的相應計較，跟著他起舞，一刀一槍，一來一往，不必要！

你要用禮貌來相待，你做人處世的內涵，就在他之上了。

《逸周書》也提到，從一個人說話的聲音，可以辨別這個人的性格。一、內心不誠實的人，說話的聲音零零落落，支支吾吾。二、內心誠信的人，說話的聲音清脆、節奏分明。三、內心卑鄙的人，說話的聲音陰陽怪氣。四、內心寬宏的人，說話的聲音溫柔和緩。如果我們能從認識人，進一步用人、處人，那麼就有大智慧了。這四點察言應對的方法，可以參考。

第一、人出巧詞，以誠相接。

第二、人出厲詞，以婉相答。

第三、人出謔詞，以默相待。

第四、人出責詞，以禮相告。

淨土世界

一般人都想「擁有」，擁有財富、擁有房屋、擁有土地、擁有嬌妻、美眷等。其實「擁有」也不一定好，「沒有」也不一定不好，尤其我們可以「沒有」，來讓生活增加一些清淨，讓內心少一些負擔。「沒有」什麼呢？

第一、沒有貪念的噪音：「貪念」，讓我們不斷地「想要這樣、想要那樣」，得到時便歡喜，不得時便失落，心裡的起伏忐忑，像噪音一樣，喋喋不休的干擾我們，讓我們不自覺地沉淪在苦、樂的境界裡，無法抽拔。甚至，有一些人刻意滿足你的貪欲，送這個、送那個，好讓你掉進他對你「予取予求」的陷阱。假如沒有貪念，就沒有這些逢迎諂曲、趨炎附勢，生活會超然許多。

第二、沒有瞋火的熱浪：

「瞋」，是對於違逆自己心意的人事物情境生起憎恚，使得身心熱惱，不得平靜的精神作用。很多人一定有過這樣的經驗，一發起脾氣來，瞋火就像熱浪一樣襲擊身心，不但不得自在，甚至壞了許多好事，無法挽回，徒增懊惱。佛法教我們用慈悲、包容可以對治瞋心，所謂「一心之瞋，千般為惡；一念之慈，萬物皆善」，息去瞋火，自然寂靜清涼。

第三、沒有愛水的污濁：愛有自私的，也有奉獻的；有染污的，也有清淨的；有狹隘的，也有寬廣的；有愚癡的，也有超越的。如果，愛得太複雜，愛得太執著，愛得對象不對，愛的方法不對，愛的觀念不對，所謂「愛河千尺浪，苦海萬重波」，愛欲的大海，就會讓我們沉沒；污濁的愛，就會讓我們痛苦。因此，要用慈悲昇華所愛，用倫理淨化所愛，用道德領航所愛，用善美成就所愛，用祝

周曉繪

福加持所愛，才能真正得其所愛。

第四、沒有邪見的垃圾：口裡髒了要刷牙，身體髒了要盥洗，心裡髒了也要清洗，如果知見不正成了邪見，就是心裡的垃圾。好比撥無因果、惡不足畏、善不足喜，這些都是邪見。經典形容邪見種類之多，猶如稠林茂密交互繁生，令人難以解脫，所以說邪見稠林可怕。我們要用般若正見去除邪見，以因緣法破除邪見，去除邪見倒去垃圾，才有撥開內心迷霧，獲得明朗自在的時候。沒有噪音、熱浪、污濁、垃圾，那就是淨土世界了。

- 第一、沒有貪念的噪音。
- 第二、沒有瞋火的熱浪。
- 第三、沒有愛水的污濁。
- 第四、沒有邪見的垃圾。

如何清淨

衣服髒了要洗乾淨，穿得才舒服；環境要整齊清潔，才能住得愉快；能保持口腔的清潔，能減少病菌滋生，也會感覺很舒服；洗過澡，身體沒污垢，特別清爽舒服。清淨是愉快、舒服的原因。外在的污垢可以藉由水來清淨，內心的清淨又該如何保持？

第一、舉止真實無諂：我們的舉止行動要實在而不曲躬諂媚。有些人碰到有權、有財勢的人，就曲躬諂媚，對於沒錢沒地位的人，就擺出趾高氣揚的姿態，傲慢無禮，這就是心不清淨。《法華經》說：「我慢自矜高，諂曲心不實，於千萬億劫，不聞佛名字。」以不清淨的心為人處世，處處有所虧欠，當然無法契入佛道。

第二、領眾心行平等：不管是做家長領導一家，還是在職場上身為主管，或是擔任政黨、國家的領導者，總是要心行平等才會清淨。對同事一視同仁，不存個人主觀的偏見；對於種族、地域，不以自己的好惡選擇對待；對於不同的政黨，平等尊重。不論男女，同等尊重，對於老少同等愛護，不分別種族、地域，不分同黨別派。心行平等，才能清淨。

第三、處事正念行空：當我們與人共事，要心存正念，不欺負人、壓制人，不想沾別人的光。沒有欺負人的念頭，與我們共事者會覺得如沐春風；沒有壓制別人的念頭，與我們共事者才能發揮潛能；沒有沾光的念頭，對方才能享受付出代價的光榮。古德讚佛說：「心包太虛，量周沙界。」我們也應勉勵自己，讓自己心淨如太虛空，包羅萬象。

第四、為人內外一如：如果一個人常常心想、口說與行動各有標準；

或是對內一個態度，對外又是另個樣子，久而久之會讓人瞧不起。做人最講究的是「內外一如」、「心口如一」，我的心、言談、舉止都不相違；我對自己、對別人都是同等態度，如此不僅能贏得他人的尊重，自己內心也才會清淨。我們常說：「人圓即佛成」，一個圓滿的人，他必是內心清淨無偽，無諂曲不實，為人處世無差別對待，心口如一無相違之處。《勝天王般若波羅蜜經》也說：「菩提道者，所謂信心、清淨心、離諂曲心、行平等心、施無畏心，令諸眾生咸悉親附。」希望大家都能學習：

第一、舉止真實無諂。

第二、領眾心行平等。

第三、處事正念行空。

第四、為人內外一如。

因果

我們常聽人說因果、因果，每個人對「因果」的看法不一樣，有的人相信因果，有的人不信因果；有的人畏懼因果，有的人無懼因果。甚至有人說：因果是佛教的專屬教義。其實，因果是一個非常科學的理則，不管你信不信因果，它都是一個存在的事實；無論你信仰什麼宗教，所謂「如是因，如是果」，因果是放諸四海而皆準的真理。

因果的道理古不變，但是面對因果的心態則因人而異。以下列舉四種人對因果的不同反應：

第一、善人以因果為朋友：一個明因識果的人，肯定

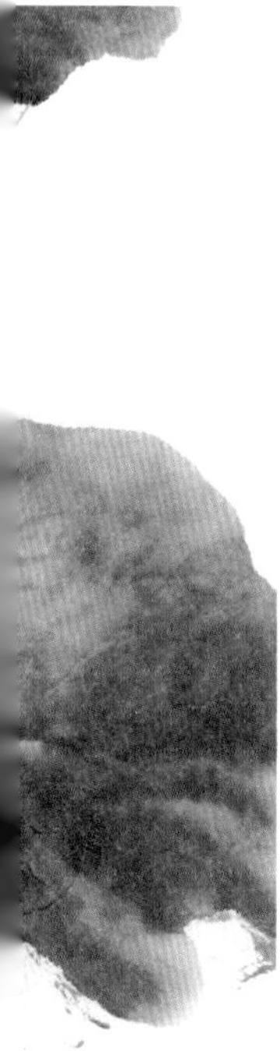

相信因果的必然性，他的一切行誼隨時隨地都不會離開因果的範疇，而能「不因惡小而為之，不因善小而不為」，他時刻提醒自己「諸惡莫作，眾善奉行」。因此，因果就如善友，提醒自己不能造作惡業；因果就如良朋，隨時告誡自己以歷史的報應實例為借鏡，不能重蹈覆轍。所以，善人以因果為朋友。

蘇峰男繪

第二、智人以因果為龜鑑：歷史是一部因果報應的記錄，人生是一齣因果報應的演出。世間的善善惡惡、好好壞壞，不管如何變化，都是在善惡因果之內。一般凡夫眾生，總是不計一切的貪愛享樂，或是無明造作之後，才慚愧懺悔自己的過失，往往為時已晚。一個有智慧的人，為了免除惡報無窮，會以因果為龜鑑，他會慎防於因，讓自己免受惡報之果。所謂「菩薩畏因，眾生畏果」，就是說明智人以因果為龜鑑。

第三、愚人以因果為無稽：世間上有一些人，不相信因果的道理，他不認為做善事必得善報、做惡事必得惡報，於是為所欲為，放浪形骸、廣造惡業。這類的人，我們視其為愚癡之人。愚癡之人因為不相信因果，任意造作，於是種下六道輪迴的業因，所以一個人可以什麼都不信，但是不能不相信因果。神通第一的目犍連，他的母親生前不相信因果法，貪瞋邪惡，致使死後墮於餓鬼道中受苦。所以，吾人切莫以因果為無稽。

第四、惡人以因果為仇敵：壞人討厭因果，為什麼？因為他知道作惡多端，必定會遭受報應。所謂「種什麼因，得什麼果」，這是因果不變的定律，所以惡人最怕因果，他以因果為仇敵。

因果是宇宙萬有生滅變化的普遍法則，是維繫社會秩序的法律。雖然我們每個人、每一天都生活在因果法則中，但是各人對因果的看法不同，從中也能看出一個人的智愚、善惡。世間四種人對「因果」的看法有：

第一、善人以因果為朋友。

第二、智人以因果為龜鑑。

第三、愚人以因果為無稽。

第四、惡人以因果為仇敵。

何謂淨土

很多人問：「什麼叫淨土」？淨土是一塊清淨、安樂的土地，淨土不一定在遙遠以外的世界，我們這個人間也有淨土，像環保做得好的國家，我們稱它是「人間淨土」。也有人問：「淨土是什麼樣子？」舉例說，淨土裡的人，他們吃飯的筷子都是三尺長，夾一塊菜，送不到自己的嘴裡，就給對方吃，對方謝謝不已，於是我夾給你，你夾給我，相互感謝，彼此歡喜。但是，不是淨土的地方，他們吃飯的筷子也是三尺長，可是老是送不到自己嘴裡，也不肯送給對方，他就生氣、罵人、瞋恨、自私，所以日子就不好過，像是在地獄一般。因此，佛教常講「要建設人間淨土。」到底什麼是「淨土」？有四點意見：

第一、酷暑嚴寒都好：禪師有謂：「熱到熱的地方去，冷到冷的地方去。」天氣熱，你也歡喜，天氣冷，也沒有關係，乃至你對我「熱」情相待，我會感謝你，你對我「冷」眼相看，我也禮貌尊重，這個世間，無論天氣冷熱、人情冷暖，都是無常，它沒有標準，主要我們自己內心要有力量來適應外在的變化，只要你覺得「寒暑都好」，它就是一片淨土。

第二、東西南北都美：有一個空間，就會有東、南、西、北不同的方向。有的人喜歡這裡，不喜歡那裡，有的人喜歡這邊，不歡喜那邊，買棟房子，要看地理，擺個辦公桌，要選方位。其實，只要你自己心裡能適應環境，適應當下生活，如同慈航菩薩所說：「只要自覺心安，東西南北都好。」就會感到無論東西南北各方位置，都是很美好。

第三、高低上下都妙：這世間有高山，有水窪，有河流，有海洋，高山有它的巍峨氣勢，河流有它的曲折蜿蜒，海洋有它的壯闊無邊，能欣賞山河大地高低曲折，奇特景致，就會覺得大自然奇妙無比。同樣的，人生也會有高低起伏、上場下場，它沒有永遠處於巔峰，也不會永遠低潮，放寬眼界，放下包袱，體會生命的轉折變化，就會感到人生的美妙。

第四、人我界限都無：世間上所以有苦，就是由於人我之間

李蕭錕繪

太過認真算計、太過執著分別。假如生活中，能跳脫對待，打破人我界限，不計較、不比較，甚至視人如己，你就是我，我就是你，同體共生，待人處事的境界，就會大大不同，我們在人間的生活，就會非常的美滿了。

從欣賞自然寒暑，到適應世情濃淡；不分別地理方位，明白處處好風好水；不輕高低上下，尊重一切族群、階層；人我沒有界限，體會互存互依的因緣關係，做到以上四點，人人身心安頓，那就是和樂相敬的「人間淨土」了。

第一、酷暑嚴寒都好。

第二、東西南北都美。

第三、高低上下都妙。

第四、人我界限都無。

菩薩的作為

一般凡人，只要發心立願，皆可以成為菩薩。不過，如同我們求學、讀書，必須經過小學、中學、大學的學習，才能進入碩士、博士學位，菩薩也有很多層次，首先要發心，再精勤不懈地修行，功行才能不斷昇華。菩薩有菩薩的行為作風，要如何學習呢？以下四點提供：

第一、發菩提心：所謂菩提心就是發「上求佛道，下化眾生」之心，因為有願心才能成就；菩提心具有發願增上的力量。初學的菩薩要學習發四弘誓願、四無量心；要發「但願眾生得離苦，不為自己求安樂」之心；要發先人後己、先眾後我之心。世上沒有天生的彌勒，也沒有自然的釋迦，以菩提心做為成就道業的基石，才能有大願大行。

第二、行正勤事：何謂正勤事？就是精進勤奮於行好事，也就是佛門裡的「四正勤」。未做的好事要趕快完成，已行的善事要不間斷地精進持續，如鑽木取火，不可中途停頓。生命只在呼吸之間，有心修道或行善，要把握因緣，不可蹉跎、懈怠，要精進為善，學習菩薩的眾善奉行，以及積極作福、進德修業、貢獻社會的勇猛力。

第三、觀般若慧：般若非外來知識，它是眾生的清淨光明本性，是眾生的本來面目，惠能大師說：「一切般若智，皆從自性而生。」修行不是光看別人，要時時反觀自照，檢討自己的過失，看取自己本心的般若自性，探究自性的本源，才能認清事情的真相。平時更要用智慧來判斷處理各種事物，不為假相迷惑而患得患失，如同菩薩之妙用般若智慧，不但自己生活自在，亦能利益眾人。

第四、耕大悲田：人人都有一畝心田，田裡撒下什麼種子，將來就長出什麼果實。看到眾生受苦窮困，我們應該布施他、幫助他、慈憫他，像菩薩一樣濟世行慈，視眾生苦難為自己的苦難；有度眾生而不望回報的大悲心，才是真正耕耘心靈的悲田。

我們是初發心的菩薩，要以上位菩薩為見賢思齊的對象，如果能學習菩薩的作為，並應用於日常生活中，人生就會妙用無窮。「菩薩作為」是：

第一、發菩提心。

第二、行正勤事。

第三、觀般若慧。

第四、耕大悲田。

菩薩的精神

《現觀莊嚴論》說，菩薩他「智不入諸有，悲不住涅槃」，與眾生同處生死煩惱大海，以大悲大捨的利濟之心，勇猛精勤，修行不懈。因此，菩薩不是泥塑木雕、供在佛殿裡讓人禮拜的偶像。真正的菩薩，是在這世間發菩提心的修道者，是一位如你我般活活生、活潑潑的人，只要發心，你我皆可成為菩薩。「菩薩的精神」是什麼呢？下列四點意見：

第一、對五欲不捨不避。「五欲」是財、色、名、食、睡。對五欲，有人過分貪求，沉迷不起，有人卻視為毒蛇猛獸，避之唯恐不及。其實這兩者都有失偏頗，所謂「色不迷人人自迷，酒不醉人人自醉」，對五欲，不必捨棄也不必遠避，利用五欲，一樣的可以普度眾生，好比維摩居士，在熱鬧場中作道場，在五欲裡更能看出他的道行。

第二、對魔王要不驚不怖。凡是擾亂、破壞、障人好事、斷人慧命的，皆稱為魔。在這世間修道，常常遇有障礙、破壞我們修道的魔。遇到魔難時，不要怕、不要畏懼，鼓起精神勇氣來，為自己加油打氣，努力克服難關。「行正不怕人來謗，心正不怕魔來燒」，只要我們有正當的思想，有正派的觀念，有正見的思惟，有正命的生活，沒有無法降服的魔。

第三、對困難不退不怯。在人生的旅途中，有各種關卡：名關、利關、生死關，關關難過。一位真正的修道菩薩，遇到困難關卡，會視為考驗，不生退怯。不管是苦是樂，一位修道菩薩都會隨遇而安、隨緣生活。蔣夢麟先生曾說：「做事時，困難不成問題，危險不成問題，所患者，無偉大之精神矣。」這正是菩薩精神的最佳寫照。

第四、對生死不疲不厭。常有些修道人說：「我要了生脫死」，為什麼呢？因為他感到人生如萍，在生死裡漂泊，感到很辛苦。其實，生者死，死者生，生生死死猶如薪盡火傳，生命是不死的。真正的菩薩，會從世間緣起去觀照，懂得生死一如，在生死裡度眾，對生死不會感到疲厭。

《菩薩地持經》說：「菩薩種性，發菩提心，勤行精進，則能疾成阿耨三藐三菩提。」眾生無窮無盡，但菩薩卻能精進勇猛，持續不退，這正是轉凡成聖邁向成佛之道，也是大乘菩薩的具體實踐。「菩薩精神」有四：

- 第一、對五欲要不捨不避。
- 第二、對魔王要不驚不怖。
- 第三、對困難要不退不怯。
- 第四、對生死要不疲不厭。

持戒之誡

戒律如同法律，是行為指標、團體規矩，也是道德行儀風範。守戒就是守法，人人守法，社會有紀律，國家就容易富強康樂。持戒者讓人尊敬，但也有幾項應該避免：

第一、以戒自我標榜：持戒的目的是斬斷煩惱，去除痛苦，不但淨化自己，也淨化團體。但是有些人不懂戒律的根本精神，以持戒來自我標榜，甚至以此求得信徒供養，就違反佛道了。唐朝道宣律師創立律宗，承襲佛戒律儀，近代弘一大師嚴持淨戒，他們不自我標榜，反而自然的受到世人的推崇。戒律道德不僅讓佛教代代相承，也是維持社會和平，提升人類品格的力量。

第二、以戒責罵他人：持戒原本能得清淨，但是有些人持戒，常常看不慣他人，指責這個不對，批評那個不如法，甚至用戒條來罵人，忘記持戒以不侵犯他人、饒益有情為宗旨，反而常生嗔怒，把原本清淨的聖法，變成了世俗法。我們要體會持戒的殊勝，先要降伏自心，長養柔軟清淨心，做到莫論他人長短，他非我不非，才能身口意清淨。

第三、以戒要求別人：戒律是佛陀隨緣而制，因地制宜而說的。時代不同，民情風俗迥異，自然也會有適應時代的新規矩，只要不違根本，也不必太過執著。但是有些人，專門研究佛制戒條，以此來要求別人，一開口講得頭頭是道，自己卻無半分做到。持戒的態度，應該是自己持好最重要，別人的做法如何，不必妄加批評，重要的是以「戒」來清淨心靈，開發智慧，斬斷葛藤束縛，達到圓滿的人生。

第四、淨戒毀犯不守：戒律是做人的基礎，無論受或不受，觸犯了都同樣有錯。戒律是一切善法的根本，可以攝受諸善法，長養諸善根。但是有些人不了解持戒的精神，擔心受了戒會自我束縛，其實受了戒才是真正的自由。關在牢獄裡面的人，不都是犯了戒，身繫囹圄，才失去自由嗎？而且不只今生不自由，來生還要墮落地獄，更不得解脫。持戒是持心戒，意念清淨最為重要，而人間佛教重在受持菩薩戒，更應以慈、悲、喜、捨四無量心戒，愍念一切眾生，廣度一切眾生。持戒之誡有四點：

第一、以戒自我標榜。

第二、以戒責罵他人。

第三、以戒要求別人。

第四、淨戒毀犯不守。

平等法

人都希望獲得別人的平等對待，但世間事本來就有很多的不公平，例如國與國之間，有大國小國的不平等，種族和種族之間，有膚色與階級的歧視等。其它如智愚之間、貧富之間、男女之間，都難以平等，因此常有「不平則鳴」的申訴。

佛法是講究平等的，所謂「佛與眾生平等無二」、「四姓出家同一釋氏」。我們如何從世間法的千差萬別中，把大家歸到平等裡呢？有下面四點意見：

第一、不以智愚計優劣：一個人的成功不在智慧高低，而在努力的多寡與機緣的成就。例如愛因斯坦小時候被老師認為是智障兒，後來因為他對「知」的追求，以及不斷探索「不知」的領域，因而解開了宇宙間時間與空間的問題。其實，在一般人當中，即使是經由醫學認定的智能不足者，我們也應該尊重他們人格的尊嚴，如喜憨兒等一些心智障礙者，他們自力更生的精神，難道比不上一位心智建全，卻不事作務，整日遊手好閒，甚至偷盜淫蕩者強嗎？所以，一個人的優劣，不能以其智愚來論定。

第二、不以貧富別高下：人的尊卑，不能以金錢貧富來評定，更不能以其外貌來評價，如孔子說：「吾以言取人，失之宰予；以貌取人，失之子羽。」一個人，只要肯上進，貧賤只是人生的小插曲，如清朝的紅頂商人胡雪巖，以及錢王王熾不都是出身貧寒，經由自身努力而致富的嗎？所以人的高下，不能以貧富來論定。

第三、不以貴賤定尊卑：《紅樓夢》云：「榮辱自古周而復始」，這是說明人沒有永遠的工人或是永遠的總統。即使一時間職務有貴賤之別，但並不代表身分的尊卑，因為即使是一名清潔人員，或是挑磚的工人，都是社會上不可缺少的職業。齊白石說：「烏衣紗帽儼然官，推倒原是泥半團」，烏紗帽代表著一個人的官位，但是烏紗帽底下的人，在本質上與眾生是沒有兩樣的，所以一個人的尊卑，不能以貴賤來論定。

第四、不以利害分人我：《法句經》說：「勝則生怨，負則自鄙；去勝負心，無諍自安。」一般人經常喜歡以比較的心來與人爭

吳素玉繪

勝負，人一旦有了一較高下的心，就會有誰好、誰劣的分別，而有爭名、爭利的衝突；反之，如果吾人有群我的觀念，就能相互尊重，彼此成就。

自古以來一些軍師權謀、縱橫策士，在人我鬥爭間耗費心力，而今這些諸子百家的勝負與今何干？所謂「萬里長城今猶在，不見當年秦始皇」，所以我們不要把人生的大好時光浪費在利害得失上，更不要以利害分人我。

人，只要沒有計較的心，就不會有爭執；對一件事情的處理公平不公平並不重要，重要的是自己的心平即可。所以「平等法」有四點：

第一、不以智愚計優劣。

第二、不以貧富別高下。

第三、不以貴賤定尊卑。

第四、不以利害分人我。

何謂法會？

人與人相聚的因緣很奇妙，形式也是五花八門，不過，有一種特別殊勝的聚會，是以「法」相「會」，也稱為「法會」。什麼是法會呢？

第一、以法為會：一般人以為，法會就是到寺院裡參加某種宗教儀式，其實這只是狹小的一部分。法會，是以真理集會大眾，大家聚在一起，彼此交流，聽聞、體會佛陀所說的法義。它不僅僅限於宗教儀式，它也可以是一場講演、讀書會、討論會、聯誼會、禪坐會等等，不論任何形式，讓參加者對真善美的道理有所吸收，有所獲益，就是一場法會。

第二、以法為師：有些人拜師學藝，這是以人為師。佛教講「依法不依人」，是要我們以真理為師。以法為師，讓我們找回內心本有的清淨真如佛性；以法為師，可以和宇宙萬有交融，提升內在的精神、思想、觀念、見解；以法為師，它開通我們的生命，讓我們離苦得樂，轉迷為悟，讓我們去纏縛、得自在。

第三、以法為軌：以法為軌，能夠讓我們對宇宙事物有所了解，認識它的準則、規範。好比一朵花、一棵樹，有它成長的軌則；一桌一椅、一人一事，乃至一個念頭，有它緣起生滅的軌則。一個我行我素的人，經常為人詬病，因為他不懂得與人相處的規則。參加法會，以法為軌，能悟出道理，人人以法為軌，能與人融和相處，人際關係和諧，社會安樂，世界可致和平。

第四、以法為樂：學習佛法，能看清世間真相，生滅輪轉、生生不息，一切都是緣起法則。看透生命，執著能夠放下，痛苦能得解脫，頹喪能再提起，懈怠能轉為積極，此即所謂「有佛法就有辦法」。有了法樂，不會耽溺在財色名食睡五欲的短暫快樂。享有法樂的人，身體輕安，內心安寧，肯定生命存在的意義，不論貧富貴賤，都很自在。

與法相會，讓生命增加內涵，領悟生命的喜悅；與法相會，讓生命與真理交流，感受生命的美好；遵循生命的軌則，智慧自然從心中流露。參加法會有以上四點意義。

第一、以法為會。

第二、以法為師。

第三、以法為軌。

第四、以法為樂。

如何日日增上

《禮記・大學》云：「苟日新，日日新，又日新。」許多人都會自我期許、自我勉勵，希望能夠日日增上，有所進步。如何在生活上增加一些助緣，讓生命每天有所增長？以下四點參考：

第一、禮佛更要學佛：禮佛可消除業障，增加福慧，另一方面可以折伏我慢，莊嚴身心。禮佛不只是口頭說說，或身體拜一拜，進一步要以一顆誠懇的心，學習佛菩薩的言行，修正自己身口意，才能獲得學佛的益處，成為一個行事端正、心意善美的人。更甚者，能夠擴大心胸幫助他人，自他增上，一起圓滿人生。

第二、讀經更要講經：有人歡喜讀經，卻不了解經裡的意涵。要了解經義，可以透過講說來明白。像佛陀的弟子羅睺羅修行很久都沒有開悟，他的老師舍利弗要他把五蘊、十二因緣的道理講給別人聽，講了幾次後，他就開悟了。講經必須自己先下工夫，才能窮通經文的內涵，會比讀經更深入體會。因此讀經之外，更要講經。

第三、念善更要行善：經常聽到有人說：「我心好就好了，為什麼行善？」心好很好，但這是不夠的。就像有再多的理想、再周延的計畫，不把它付諸行動，一切的理想、計畫都是空想。因此，擁有善念，再加上實際行動，這份善心才能發揮出來。觀世音菩薩有大慈大悲的願心，更能千處祈求千處應，所以祂能慈悲度眾，日積月累，成就了菩薩道。

第四、修心更要發心：人之所行，心之所向，我們的言行，都是心念所引導，所以說修行要先修心。修心更進一步要發心，立定目標，例如發心做百件好事、發心與人為善、發心慈悲喜捨、發心解行並重，只要你肯發心，用行動做更多利益他人的事，生命會更廣闊，更有意義。

《雜阿含經》：「鄙法不應近，放逸不應行，不應習邪見，增長於世間。假使有世間，正見增上者，雖復百千生，終不墮惡趣。」每個人都要有正確的學習，初學的人要增廣見聞，才能日新又新；入門的人要增加歷練，才能更上層樓；熟練的人更要洞悉遠見，才能豁然達觀。學無止境，想要日日增上，有以上四點意見。

第一、禮佛更要學佛。

第二、讀經更要講經。

第三、念善更要行善。

第四、修心更要發心。

妙因妙果

「法不孤起，仗境方生」，世間上無論何事、何物，都不可能單獨存在，也並非突然而有，都是靠因緣合和所生起。所謂「如是因、如是果」，凡事有了微妙的因，才能生起微妙的果。所以「妙因妙果」有四點說明：

第一、靜能生悟：人，莫不希望自己能夠聰明有智慧。怎樣才能把自己所學的知識，透過體悟轉化為智慧呢？經云：「菩薩清涼月，常遊畢竟空，眾生心垢淨，菩提月現前。」江水映月，必得水清而寧靜的時候，月亮才能顯現江中。人，往往在靜下來之後，心中的雜念妄想摒除了，一些過去的人事，就會慢慢浮現出來，甚至已經遺忘的事物，也會忽然記憶起來，所以佛教講「戒、定、慧」，經由靜定的功夫，才能生出智慧，因此「靜」是「悟」的妙因。

第二、熟能生巧：「萬事起頭難」，凡事只要經常演練，就會熟能生巧，變成專業。就如學騎腳踏車、學習游泳，以及樂器彈奏、電腦操作等，練習久了，技術就能純熟。甚至讀書也是一樣，讀熟了，書裡的文詞就能朗朗上口，而且在日常生活中，也會不經意地想起書中的文義。正如蘇軾所說：「舊書不厭百回讀，熟讀深思子自知」，這都是說明「熟」是生「巧」的妙因。

第三、勤能生有：《左傳》云：「民生在勤，勤則不匱」。人只要能勤勞，就不會貧窮，只要能勤勞，就不怕一事無成。讀書也是如此，只要能「勤」，就能知識廣博，所以「勤」可以製造財富，「勤」可以累積學

李蕭錕繪

問。貝多芬說：「只有勤奮不懈才能夠獲得技巧」，所以世間任何一件事情，只要有「勤」，必能有所成就，只要有「勤」，就能荷囊滿豐，所以「勤」是「有」的妙因。

第四、喜能生樂：每天的生活，如果我們能見到人就歡喜，遇到事也歡喜，在任何環境裡都歡喜，如布袋和尚的「滿腔歡喜，笑開天下古今愁」，就可以將歡喜散播給人。歡喜就像蠟燭一樣，只要你把火點燃，就能帶來光明；歡喜就像太陽一樣，只要一經照射以後，就能破除寒冰。白居易說：「不開口笑是癡人」，因此我們要能常懷歡喜心，讓生活中充滿歡喜，如此人我之間，必能充滿歡樂，生活自然就會快樂，因此，「喜」是「樂」的妙因。

語云：「種瓜得瓜，種豆得豆」，胡適博士也說：「要想怎麼收穫，便先怎麼栽。」所以「妙因妙果」有四點意見提供大家：

第一、靜能生悟。

第二、熟能生巧。

第三、勤能生有。

第四、喜能生樂。

如何做功德

雖然社會事件層出不窮，或搶、或偷，無惡不作的事不斷在媒體上報導，但是仍然有許多人，希望能做一點好事、發一點善心、做一點功德，與人廣結善緣。功德的範圍很廣泛，「如何做功德」有四點：

第一、以物質金錢來做功德：過去佛教設有磨坊、當鋪，乃至施茶、修橋等，以利益眾生；近年來，佛教徒也會以物質金錢做功德，支持各地道場發揮弘法利生的功能，如舉辦文教活動、慈善救濟等。另外，現代人工作忙碌，不克參加各種公益活動，有的人也會把平時的儲蓄挪出一部分，作為善款布施；或以物質資助生活上有困難的人。小小布施，對布施者而言，不算什麼大事，但如同「貧女點燈」一般，一錢布施，同樣獲福無量，功德一樁。

第二、以服務奉獻來做功德：所謂「有錢出錢，有力出力。」今天社會上，有一種善良風氣是很可貴的，即不少人會到各個機關團體去擔任義工，到醫院裡做義工，到寺院裡做義工，甚至到學校裡擔任愛心媽媽；到沙灘、山林、公園裡、大街小巷去掃地、清理垃圾等等，都是以服務奉獻來做功德。

第三、以語言讚美來做功德：有錢，用得不當會造罪；出力，你出力、他出力，也沒有那麼多事情可以做；因此，比出錢、出力更高一層的功德就是語言讚美。說好話不怕多，一家說好話，家庭和樂；人民說好話，國家安定；全世界的人都說好話，世界則能祥和歡喜。眾多功德中，以語言讚美最為重要，例如普賢十大願中的「稱讚如來」；佛弟子以梵唄

唱誦讚歎佛法僧三寶；甚至每部經後面都有一段「歡喜讚歎，信受奉行，作禮而去」等字句；釋迦牟尼佛比彌勒菩薩早成佛，就是多修了讚歎功德。不必花任何金錢、力氣，就能做功德自利利他，是多麼經濟實惠。

第四、以心意祝福來做功德：或許你說我沒有錢，不會做事，也不會說話，沒關係，別人做好事時，我心裡歡喜，就是最大的功德。所有功德中，以心的祝福，功德最大，因為物質的布施功德，是有形、有相、有量、有邊的，而心的祝福卻是無形、無相、無量、無邊的。比方說：「在三寶加被下，希望你健康快樂」、「誠心希望你福慧雙增」等，乃至別人做功德，我們心存歡喜讚歎，這也跟對方一樣具有同等的功德。

因此，做功德不光以金錢布施為第一，要能有所提升，以上「如何做功德」可以參考。

- 第一、以物質金錢來做功德。
- 第二、以服務奉獻來做功德。
- 第三、以語言讚美來做功德。
- 第四、以心意祝福來做功德。

如何佛光普照

這世間上，黑暗需要光明，動盪需要安穩，苦難需要喜悅，煩惱需要解脫，才能獲得幸福安樂。維摩詰居士說：「隨其心淨則國土淨」，要創造這樣的人間淨土，有賴我們建設美好的身心世界，散播慈悲，廣結善緣，讓佛光普照世間。如何佛光普照呢？

第一、廣作文宣，讓人了解：現在的社會裡，公司行號開幕、公職人員選舉、文物圖書流通，乃至各級學校招生等等，都要靠文宣。其實二千五百年前，佛陀就重視文宣功能，所謂「出廣長舌相，遍覆三千大千世界」，無一不是讓眾生了解真理，同霑法益。如今，我們更要將正信宗教的清淨、善美、利行，借文宣之力廣為弘傳，接引大眾入正法，提升心靈建設，促進社會淨化。

第二、舉辦座談，增加溝通：在佛教裡，許多的經典，都是由佛陀與諸弟子的相互問答中產生。現在更是一個民主的時代，光是一味要求別人聽自己講話，不但不能引起共鳴，也提不起他人聆聽的興趣。

只有座談，是

黃才松繪

增加溝通、凝聚共識的最好方法。從座談中，學習傾聽他人的意見中，瞭解他人的需要、尊重別人的看法；從座談中，學習表達意見、協調，進而解決問題。藉由座談，增進人與人的互動溝通，擴大自己的視野。

第三、家庭普照，主動爭取：以往想要聽聞佛法，都要跋山涉水到深山古寺請益。如今，家庭普照的方式，可以邀請左右鄰居、親朋好友一同參與，在沒有距離的交談、沒有講演的拘束中，談論佛法、聯絡友誼，彼此交換心得、資訊，把佛法融入生活，帶進家庭，帶給親友，在佛法的體驗中，增加信心，達到淨化身心之效。

第四、擴大服務，利樂領導：印度佛教時代，佛陀與諸弟子藉由行腳托缽的方式，深入社會，瞭解民情，為眾說法。如今，我們更要擴大服務、利樂有情。明朝優曇和尚說：「外則修福，慈悲方便，柔和善順利濟世間。見一切人，平等恭敬隨機說法，教化眾生行一切善。」藉由參與福利社會之事，如愛心媽媽服務、急難救助、友愛服務、醫院義工、考生服務，甚至交通服務等等，不僅擴大一己生命的價值，也接引了同樣熱心善良的人一起行善，增進社會溫馨、善美。

所謂「人能弘道，非道弘人」，大家以上述四點方法，敞開胸懷、主動付出，必定能夠讓「佛光普照三千界，法水長流五大洲」。

第一、廣作文宣，讓人了解。

第二、舉辦座談，增加溝通。

第三、家庭普照，主動爭取。

第四、擴大服務，利樂領導。

苦行的次第

大半的人都喜歡嘗甜頭，不喜歡吃苦頭。可是，一個人的成就，常常都是從血汗、辛苦、委屈、忍耐、受苦中，點滴累積而成。像讀書人要經過「十載寒窗無人問」，才會「一舉成名天下知」；科學家經年累月在實驗室研究，種種實驗、忍受失敗，一次又一次重來，等到發明了，甚至得獎了，可以造福人類蒼生。一般學技術，至少要三年辛勞才能出師，而宗教家從淡泊中陶冶自己、磨鍊自己，也要經過好幾年的養成，這些都是一種苦行的精神。苦行的次第有那些呢？

第一、身體的勞頓：孟子說：「天將降大任於斯人也，必先苦其心志，勞其筋骨，餓其體膚，空乏其身，行拂亂其所為，所以動心忍性，增益其所不能。」意思就是先磨練這個身體，讓它勞苦。像在佛教裡，拜佛，一拜就是幾百拜、幾千拜，一坐，就是盤腿子幾個小時，乃至煮飯掃地，一做就是多少年。身體上的勞頓，可以增加心性的力量。

第二、口腹的飢渴：身體勞頓以外，有時候還要忍受肚子餓，口裡渴，沒有好的吃、沒有好的喝、沒有好的穿、沒有好的睡，能忍受得了口腹飢渴，可以增加精神毅力與耐力。佛教不執著無謂的苦行，但適度的勤苦、忍耐，也是袪除煩惱、捨離貪著的法門。

第三、逆境的承受：所謂「道高一尺，魔高一丈」，無論學習、修行，到了一個階段，常常有一些不順的境界會來考驗，你要能承擔、要能承受，承受得了，你就能可以突破，更上層樓；千萬不能灰心喪志，不能怨天尤人，不能退失信心，否則功虧一簣，那就可惜了。

第四、有無的喜捨：喜捨是一件美好的事，可以自利利他，增添人間善美。尤其人的一生裡，有把東西布施給人的經驗，你更會體會到它的美好。「有」的時候，要能喜捨，「無」的時候，雖

然自己都窮困了，更要能喜捨，甚至我的器官、髓腦，都可以毫不吝惜地喜捨布施，會有不同的境界。

所謂「不經一番寒徹骨，焉得梅花撲鼻香」，苦行是每一個人成功的必經過程，無論是什麼人，都應該接受苦行的磨練。正如松柏必需受得了霜寒，才能長青；寒梅必須禁得起冰雪，才能吐露芬芳。如果不經過苦練、不經過苦磨，是不能成功的。

以上四點苦行的次第，可以作為我們自我訓練、自我成長的方法。

- 第一、身體的勞頓。
- 第二、口腹的飢渴。
- 第三、逆境的承受。
- 第四、有無的喜捨。

修行的境界

在台灣，信仰佛教的人很多，甚至於世界上，信仰佛教的人口也慢慢在增加。我們常會聽到人家說：哪個人很有修行、哪個人很有境界……。所以，信仰佛教最重要的就是修行，要將佛法落實在生活中，才能獲得佛法給予的利益。「修行的境界」有四點意見：

第一、念佛要念的與佛同在：佛，不只有西方極樂世界的阿彌陀佛，也不只有二千五百年前在印度菩提樹下金剛座上成道的釋迦牟尼佛。人人皆有佛性，不管你念的是哪一尊佛，都要期許自己能念到「佛就是我」、「我就是佛」的境界，念到與佛同在，則一切煩惱盡皆消除。憨山大師說：「念佛容易信心難，心口不一總是閒；口念彌陀心散亂，喊破喉嚨也徒然。」因此，念佛要有信心，念到物我合一，就能與佛心接軌。

第二、拜佛要拜的與佛共存：拜佛，拜什麼佛呢？拜本心的佛。拜佛要把自己內在的佛性拜出來，才能昇華心靈；拜佛要將佛祖拜到心中，才能與佛交流。禮拜雖是拜在地上，但是人格尊嚴從此更昇華。心中有佛，眼睛所見、耳所聽聞都是佛法；心中有佛，行住坐臥都能如佛的莊嚴威儀。因此，拜佛要將歡喜心、清淨心、慈悲心拜出來，才能與佛共存。

第三、布施要施的你我泯滅：人生存在世間上要懂得布施結緣，不但自己有歡喜，還要將歡喜帶給別人；不但自己有能力，也要助別人成就。布施的時候，心中不能存著「我是能布施的人」、「你是接受布施的人」的想法，如果存著這樣的想法，就有我大你小、我好你差的偏見了。所以，布施要施的你我平等，沒有你我的分別觀念存在，才是施的你我泯滅。

第四、參禪要參的的真性現前：參禪修定是佛教的重要修持法門，透過禪定的功夫，可以顯發人人本具的真如佛性。不管是打坐，或是搬柴運水、穿衣吃飯都能參禪。參禪若能參的明心見性，就是找到自己、認識自己了。因此，參禪的人要有智慧、要有靈巧，心中要能包容萬有，才能參的真性現前。

修行不能只是嘴上說說而已，要付諸實踐；有行動，才有因緣與佛心相應，也才有所謂的「修行境界」。「修行的境界」有四點：

第一、念佛要念的與佛同在。

第二、拜佛要拜的與佛共存。

第三、布施要施的你我泯滅。

第四、參禪要參的真性現前。

境界來臨時

我們每天張開眼睛後，生活的二六時中，總會面臨許多不圓滿的境界，歡喜或不歡喜，高興或悲傷，總會惹得吾人身心紛擾難安。究竟臨事對人時，應抱持怎樣的態度呢？以下四點提供參考：

第一、出口傷人時要懂沉默：孫子云：「傷人之言，惡如利刃。」惡口如同一把利刃，不僅刺傷他人，也割傷自己。因此，說話應懂得恰到好處、適可而止，切莫因失言而取禍。相對地，面對他人惡言相向時，也要懂得沉默。沉默不是消極的抵抗，而是背後必有平靜的勇氣相伴，所以不會與之共舞。《荀子》有云：「言而當，知也；默而當，亦知也。」當沉默時應沉默，勿逞一時之快，釀成更大的傷害。

第二、對方無理時要能容忍：人我相處上，不免遇上無理的人，這時唯有容忍以待，才是最上策。《願體集》說得好：「世間無一處無拂意事、無一日無拂意事，惟度量寬宏，有受用處。彼之理是，我之理非，我讓之；彼之理非，我之理是，我容之。」誠然如是，對無理的人，何妨多些寬諒，多些容忍呢！

第三、別人受難時要能體恤：佛教經典中，時常見到佛陀對臥病的弟子端藥倒茶，對愚笨的槃特關懷愛護，雪中送炭的關心，總能讓人得到鼓舞，振奮心志。所謂：「貧在鬧市無人問，富在深山有遠親。」錦上添花固然有它的需要，然而體恤受難、失意、挫折的人，給予一臂之力、一句鼓舞的話、一些適時的探望，無疑是給予對方一劑強心針。

第四、不幸來臨時要有勇氣：生命中必定有挫折、災難時，在懷憂喪志時，在失落沉悶時，沮喪、不幸時，何妨來反思一下，如何提振信心與信念。古德有言：「從地倒還從地起，十方世界任悠遊」，挫折來時，提起勇氣不畏縮，發心立願不放棄，勇敢面對境界，問題就能迎刃而解。

做人處事向來是一門難修的課題，也正如此，可以考驗我們內心面臨境界的力量有多少。能退一步的人，他的世界必定寬廣；能為他人著想的人，定能贏得大家的尊敬；抱持「你對我錯、你大我小」的態度，則事事自能化險為夷、轉危為安。以上四點，是境界來臨時面對的好方法。

第一、出口傷人時要懂沉默。

第二、對方無理時要能容忍。

第三、別人受難時要能體恤。

第四、不幸來臨時要有勇氣。

如何超脫

每個人都希望能夠超越束縛，比方說：小時候希望趕快長大，在學校讀書希望快點畢業，進入社會則冀望能夠升官、發財。於是，有些人會覺得自己的一生，都被世間的課業、名利、金錢、感情等種種枷鎖緊緊束縛，不能自在。如何超越這一切呢？

第一、勘破生死，就沒有恐怖：人有生老病死，世界會成住壞空，這是天地萬物運行的常道，因此，生死是人人都免不了的問題。尤其面對「死亡」，大多數的人都因未知而恐懼，或者以「不知生，焉知死」，來拒絕談論。其實死亡如機器的汰舊換新，四季的遞嬗轉化，儘管肉體會衰敗，高貴的精神情操，卻是永遠不死的，若不能了解生死痛苦的原因，並以正確的態度面對生死，自然無法「遠離恐怖」了！

第二、勘破榮辱，就沒有得失：人活在世界上，必定要面對榮辱得失的考驗，得意時固然尊貴榮耀，一旦失意也不必患得患失、自我否定。禪門偈云：

「風來疏竹，風過而竹不留聲；雁渡寒潭，雁去而潭不留影。」世間榮辱貴賤無常，對榮辱太計較，就受榮辱所牽制；對得失太計較，就被得失所桎梏。禪者知道榮辱苦樂的虛妄性，所以，毒箭惡語傷毀不了，毀譽榮辱動搖不了，而能「八風吹不動」，悠然自在，放曠逍遙。

第三、勘破貴賤，就沒有分別：嫌貧愛富、希貴惡賤，這是人之本性。古人有「笑娼不笑貧」之志，今人則是「笑貧不笑娼」。對貧富貴賤有那麼多的分別妄想，就不容易安於本分，日子當然不會好過。我們不能以外在條件來衡量生命價值的高低。只要自己肯進德修慧，勤勞上進，人格自然高貴富有了。

第四、勘破利害，就沒有顛倒：我們生活在世間，總是有利也有害，大部分的人得到利益時很歡喜，有了一點傷害或吃了一點悶虧，就煩惱不已；每天在利害得失裡七上八下，不能安住。如果我們能以平常心，面對迎面而來的利害關係及各種人事物，就能遠離顛倒妄想，而獲得內心的安定。

榮辱、名利、得失、欲望就像一個過重的皮箱，把它放下，才能得到輕鬆自在。對世間很多事情，我們要學會參透、看破，能夠做到生死不恐怖、榮辱無得失、貴賤不分別、利害不計較，才能夠超脫，才能得到快樂。這四點提供參考：

第一、勘破生死，就沒有恐怖。

第二、勘破榮辱，就沒有得失。

第三、勘破貴賤，就沒有分別。

第四、勘破利害，就沒有顛倒。

何謂威儀

佛陀三十二相、八十種好，攝受眾生，菩薩身相莊嚴，為人敬仰，甚至經中記載比丘相貌合儀而度人修道，由此，佛門非常注重威儀。所謂「舉佛音聲慢水流，誦經行道雁行遊；合掌當胸如捧水，立身頂上似安油。瞻前顧後輕移步，左右迴旋半展眸；威儀動靜常如此，不愧佛門修行人。」足見個人行儀可以展現內在的氣質與德行。何以稱得威儀具足？有四點：

第一、衣冠必整：孔子說：「君子不可以不飾，不飾無貌，不貌無敬，不敬無禮，無禮不立。」中國人的穿著觀念裡，視衣冠為禮儀象徵。所謂「人靠衣裝，馬靠鞍裝」，僅僅一襲衣裳，足以顯現人品和地位。尤其在今日社會，與人往來，參加集會，「正其衣冠」更是一種禮貌。反之，穿著邋遢，不修邊幅，不但有失禮儀，也無法獲得他人敬重。

第二、容貌必莊：所謂「女為悅己者容」，每個人都希望自己容貌端莊，獲人青睞。面容皎好，固然吸引眾人目光，但是有德、善行，更甚於美貌。佛陀時代，玉耶女自恃貌美，而驕慢對人，後蒙佛陀教誨，成為品德端莊的女性。《佛遺教經》云：「慚恥之服，無上莊嚴。」常常反省，心行端正，具賢德，知感恩，自然散發出高雅的氣質與風範。

第三、步立必正：佛門威儀中，站立時要「前八後二」，是一種穩重的姿式；《弟子規》中教導修道者：「步從容，立端正。」是強調行儀的養成。所謂「相由心生」，走路太匆忙，反映出自己的耐性不夠，站立時東邪西歪，則被視為輕浮。若行得正，步立必正，不但威儀十足，也是流露自己的素養與內涵。

第四、視聽必端：與人交談，視聽端正是尊重對方的一種表現。假如目不正視、耳不諦聽，容易為人詬病。西諺有云：「顯貴的人，總是思想崇高和舉止優雅。」《顏氏家訓》也說：「目不邪視，耳不妄聽。」能夠視端正、耳善聽，堪稱君子所為，眾人也必投以好感與尊重。

與人見面，第一印象重要，「誠於衷，形於外」更是要緊。外表威儀，內在也要具足摯誠、平靜、善美。因此，平日行住坐臥，身心語默動靜，應時時自我觀照，從而培養內在的美德，自然流露於舉手投足之間。

- 第一、衣冠必整。
- 第二、容貌必莊。
- 第三、步立必正。
- 第四、視聽必端。

佛魔之別

世間是個「一半一半」的世界，佛的世界一半，另外一半是魔的世界。就如同地球上也是白天一半，黑夜一半；善人一半，惡人一半；男人一半，女人一半。不管任何好好壞壞、是是非非，彼此都是「一半一半」。

孟子說：「人性本善」；荀子說：「人性本惡」。其實人性也是一半一半，而且經常處在佛魔交戰的狀態。人性中的佛與魔，其中的分別往往只在一念之間；修行就是要開發我們善的佛性，不受另一半魔境所影響。

關於「佛魔之別」，有四點說明：

第一、一念疑是魔，一念悟是佛：一個疑心病重的人，除了無法信任別人以外，對自己往往也沒有自信，甚至無法接受真理，因此生活中除了經常造作惡業之外，也常因「疑」而煩惱重重。相對的，因你常對別人不信任，別人也無法真心誠意的與你交往，甚至會因彼此的疑，而造成誤會、爭執，以及自己學習上的礙障。法然大師說：「生死之家，以疑為所止；涅槃之城，以信為能入。」所以一念疑是魔，一念悟是佛。

第二、一念染是魔，一念淨是佛：王陽明說：「心者，天地萬物之主也。」當一個人的心有所染污的時候，他的世間就是一個充滿憎惡、覬覦、傲慢、虛偽的世界；相反的，如果一個人的心是清淨的，他的世間就是一個充滿慈悲、喜捨、安詳的世界。如蘇聯的大文豪托爾斯泰說：「心靈純潔的人，生活充滿甜蜜與喜悅。」所以一念染是魔，一念淨是佛。

第三、一念癡是魔，一念明是佛：人為什麼會造作惡業？因為一念

「癡」。赫爾利說：「賢愚的分別，是在一個人的心念，不在一個人的貴賤。」愚癡，讓人不明真理，不辨正偽，不知善惡，不分是非，所以愚癡是人類的根本煩惱。愚癡之可笑，如「削足適履」、「挖肉補瘡」等，都是因為「癡」所造成的錯誤。莊子說：「大惑者，終身不解；大愚者，終身不靈」；人除了要相信因果、

充實知識外，更要見他人之過，正己之錯。所以一念癡是魔，一念明是佛。

第四、一念邪是魔，一念正是佛：宋朝朱熹說：「心之所感有邪正，故言之所形有是非。」一個人的心念是邪的，其所表現出來的言行舉止，必定是貪贓違逆、瀆職淫惡之魔事；心念正，則所言所行都是光明磊落，不離正道。韓愈說，一個人「欲修其身者，先正其心；欲正其心者，先誠其意」。因此，一念邪是魔，一念正是佛。佛與魔的分別，雖然只在一念間，其結果卻有天壤之別，足堪吾人慎思。「佛魔之別」的四點說明是：

第一、一念疑是魔，一念悟是佛。

第二、一念染是魔，一念淨是佛。

第三、一念癡是魔，一念明是佛。

第四、一念邪是魔，一念正是佛。

成果與因緣

世間上的人，有的人能成事，有的人只會敗事；敗事當然有敗事的原因，成事也有成事的代價。例如，看到植物開花結果，就想到必然有人播種造因；看到有人慈悲為善，就想到將來會有美好的結果。一個人的成功，都得之於艱苦的磨練和砥礪的工夫，世間沒有不勞而獲的成功。那麼成事的代價是什麼呢？有四點因緣：

第一、若要成功，就要進取奮鬥：有人說：「失敗為成功之母，奮鬥是成功之父。」人人都想成功，但「成功」不是憑空而得，也不是別人所能賜予，而是要靠自己積極進取、努力奮鬥而來。沒有辛苦的耕耘，那有豐碩的果實？放眼古今中外，舉凡名人賢達的卓越成就，都是因為進取奮鬥而成功。

第二、若要財富，就要播種耕耘：人都希望發財，但是田地裡不播種、不施肥，怎麼能開花結果？怎麼會有收成？所以要想發財致富，必須要播種耕耘，將本求利。所謂「君子愛財，取之有道」，切莫不擇手段，貪圖不義之財；不是自己耕耘所得，就不是你的財富！

第三、若要明理，就要廣學多聞：有人希望聰明，有人希望知識；知識、聰明，都要經過學習，累積而成。不肯用心揣摩，沒有聽聞學習，如何能通達事理？不去研究推敲，怎麼會有所得？「為學應如金字塔，要能廣大要能高」，高深的學問，都要靠平時多聞與見識；「不經一番寒徹骨，那得梅花撲鼻香」，要下過一番苦功，才有一番進境與體悟。

第四、若要和樂，就要彼此包容：人在社會裡生存，若不懂得群居之道，不懂得和樂處眾，則很難在社會立足。與人相處要和諧、尊重，彼此要包容、互助、遷就、諒解，如此才能成為知己！「一手獨拍，雖疾無聲」，凡事都要有人呼應，才能成功。與人相處和樂無諍，則到處都有通路；給人善緣助成好事，才能成就自己的事業！

佛教講：「有如是因，必得如是果。」今天的收穫是昨日的播種與經營；沒有經過春耕夏耘，如何能有秋收冬藏？因此，一個人之所以成功必有成功的原因；之所以失敗也必然有失敗的理由。成就事業的代價有四點：

第一、若要成功，就要進取奮鬥。

第二、若要財富，就要播種耕耘。

第三、若要明理，就要廣學多聞。

第四、若要和樂，就要彼此包容。

了解緣起

近年來一些報章雜誌、書籍裡屢屢談到「緣起」。《大乘起信論》云：「諸佛法有因有緣，因緣具足，乃得成辦。」「緣起」是佛陀究竟的體悟，不能完全將它當成知識或哲理來研究。「緣起」需要在日常生活中修正、體會、深觀才能證知。了解緣起能有四點體認：

第一、能建立感恩的美德：「緣」就是相互共生的關係。如果沒有父精母血的生養之恩，我們無法成人；國家沒有穩定的政治，我們無法安全的生活；沒有師長的教育啟發，我們無法成材；沒有各行各業日用所需不虞的供應，我們無法快速便利的生活。我們每一個人的存在，都要仰賴眾人給予因緣，所以要感謝大眾給我們的恩惠、助成。

第二、能培養隨緣的習慣：萬物的生成，需要仰賴緣起，因此我們不可以違背因緣行事，凡事隨緣隨分不強求，順著真理生活。比方說：生活作息正常，不顛倒；與人溝通，能隨順不同根性，顧念對方的立場；做事的態度上，能順應原則，不違事理。隨緣不是隨順習性、情緒，是積極努力安住在每個當下，如此就能順理成章，水到渠成。

第三、能擁有希望的未來：佛教常講「未成佛道，先結人緣」，結緣好比播種，種子下得勤，收成自然豐厚。有的人只要遇到困難，就會有貴人適時相助；有的人不怕給人利用，有好東西也不怕給人分享，所以總能得到好的機會，前途自然寬闊平坦。由此可知只要平日廣結善緣，不怕未來沒有機會。

第四、能了悟真實的人生：懂得緣起，能使我們覺悟人生實相是生命之間相通互成、彼此依存的道理，是累劫以來無數的因緣所成。菩薩行者能深觀緣起，而了悟眾生即我，我即眾生，所有自他的存在都離不開因緣，所以能怨親平等的將小我融入大我中，而體現「自他一如」的美妙。

人類是社會性生物，以相互依存的生活方式維持心理及生理的健康，並且相互尋求幫助，來減輕面臨自然、生命變化所帶來的痛苦。我們常說人生「有緣千里來相會，無緣對面不相識」，了解緣起的可貴，把握當下，建立好因好緣，自然能有不同的人生景況。

第一、能建立感恩的美德。

第二、能培養隨緣的習慣。

第三、能擁有希望的未來。

第四、能了悟真實的人生。

福報那裡來？

常常有人羨慕：某人的福報真好，家世風光，子孫多又孝順，要金錢有金錢、要愛情有愛情、要事業有事業、要官位有官位；為什麼他什麼都美滿？我怎麼什麼都要不到？是不是上帝偏心，把世間所有的好運都給了他？其實，福報不是神力可給予的，福報是自己努力得來的。怎樣才能有福報呢？

第一、勤儉節約：有的人雖然家財萬貫，由於浪費奢侈，不懂節約，最後免不了窮困潦倒。周武王曾感嘆：「像紂天子這般奢華，竭天下之財以窮己欲，安有不亡國者！」相反的，有些人勤勞節儉，所以福報隨之而來，如台塑企業王永慶先生。

第二、善因好緣：有的人，事不關己絕對不過問，不與人結緣，當然也不會有好運氣。有的人，只要行有餘力，就熱心助人，也不希求他人回報，但是好運都會降臨，讓他平安順遂。想要有福報，必須先播撒福報種子，比如積極參與利益大眾的善事，熱心助人等事情，所謂「助人者，人恆助之」，多種一點善因緣，就是修福報的方法。

第三、慈悲喜捨：一個人有多少福報，可以由自己決定。《阿含經》記載，有一位小沙彌，本來應該夭壽的，因為一念慈悲，救了許多受困水塘的螞蟻而延壽。一念善心，可以消除罪業；一念慈悲，能夠增加功德。有人「拾金不昧」而獲得福報，有人「不貪不義之財」而得到善緣，有人「救苦救難」而消災免難，可見能夠慈悲喜捨，福報就會到來。

第四、吃虧奉獻：許多人害怕自己的利益受損，不願意吃虧，那是心胸不夠寬廣。吃虧奉獻是一種無私的、真心的付出，是一種歡喜的、不求回報的道德行為。如果我們常抱持著你是好人，我是壞人；你是對的，我是錯的；你很偉大，我很渺小；快樂給你，苦惱給我；富有讓你，貧窮我受的態度，尊重對方，處處為對方著想，必能獲得對方由衷的敬愛。

不必羨慕別人的福報比我大，也不必研究別人的福報從那裡來，胡適之先生說：「要怎麼收穫，先要怎麼栽」，已經種下勤儉、結緣、喜捨、奉獻的種子，自然能收到福報的果實。福報那裡來？有這四點。

第一、勤儉節約。

第二、善因好緣。

第三、慈悲喜捨。

第四、吃虧奉獻。

菩薩的行為

什麼叫做菩薩？菩薩是有修行、有覺悟的人。菩薩不是往生以後有道德的才能成為菩薩。人人都可做菩薩，只要肯利益社會大眾，以自己的能力、知識幫助他人，滿足眾生需要，當下就是菩薩。菩薩的行為有四特點：

第一、於菩提心永不退失：所謂「菩薩」，就是要發心自利利他、自覺覺他。不過，所謂「善門難開、好人難做」，在弘化度眾的過程中，並不是事事都能順利，但是發菩提心的菩薩，能夠安住於四不壞信、大悲誓願，以及般若空慧的大乘正道中，自然就能道心不退。

第二、於諸眾生常無捨棄：行菩薩道的人度眾生時，不分各個國家、不分種族、各行各業，他一概不會捨棄。他不會說我只度中國人，不度外國人，我只度這個地方，不度那個地方，如《金剛經》所言：「所有一切眾生之類，我皆令入無餘涅槃而滅度之。」菩薩能夠如實觀照，無分別智，對於一切眾生都是平等、不捨棄的。

第三、一切善行從不厭足：《陀羅尼雜集》云：「菩薩有四大事：心如大地、心如大海、心如橋船、心如虛空，能長養一切善法，能包容一切差別，能啟發一切歡喜，能成就一切因緣。」菩薩對於一切的好事、善事不會滿足，慈悲愈多愈好、道德愈多愈好、善事愈多愈好，他不會昨天才布施，今天就不布施了；昨天才幫的忙，今天就不幫了，對於善行，他永遠不會厭煩。

第四、護持正法起大精進：對於正信的宗教，我們要護持，三寶弟子的責任是護持正法，為佛教貢獻心力、物力，譬如支持佛教教育事業、培

李蕭錕繪

養佛教青年等，對於毀謗三寶者，要能挺身辯解，要有「佛教靠我」的信念。勝鬘夫人發十大誓願護持正法，饒益眾生，被佛陀授記為普光如來。護法等於護持一塊福田，精

進播種，必能開花結果。

想要成為菩薩，必須培養和具備菩薩的性格，禪門大德云：「欲為諸佛龍象，先做眾生馬牛。」菩薩不是呼風喚雨、點石成金的神仙，也不是泥塑木雕的偶像。有心趨向覺道，肯樂於結緣，為眾生服務的人，就有資格稱為菩薩。

因此這四點是人間菩薩行：

第一、於菩提心永不退失。

第二、於諸眾生常無捨棄。

第三、一切善行從不厭足。

第四、護持正法起大精進。

戒的利益

現在是一個講求「自由」的時代，有人好奇：為什麼有人願意求受佛教的戒法，那不是給自己束縛嗎？其實，佛陀在制戒之初，宣說制戒的十大利益，戒的精神在自由，而非束縛，能夠真實認識戒律，進而受持的人，就能享有真正的自由。受戒的利益很多，有以下四點說明：

第一、戒如甘霖解除乾旱：《大乘義章》云：「言尸羅者，此名清涼，亦名為戒，三業炎火，焚燒行人，戒能防息，故名清涼。」眾生因為久遠以來受無明習氣的影響，常在煩惱的熱火中不能出離。持守戒法，就如同領受甘霖雨露一樣，能夠解除吾人心中無盡的欲望，熄滅煩惱火焰，得到滋潤。

第二、戒如叢林庇蔭依靠：叢林裡，林木蓊鬱、古樹參天，不但能庇蔭路人享受清涼，各種飛鳥、走獸，也歡喜聚集在裡面，謀求安全的依怙。《四分戒本》言：「戒又名清涼，遮熱煩惱令不入故。」所謂：「大樹底下好遮蔭」，「戒」就如叢林一般，能夠讓我們得到安全與清涼。

第三、戒如地圖指引方向：戒律像地圖一樣，能夠正確清楚的指引我們，知道未來的方向在那裡。例如，持五戒可以來生做人，守十善業可以上升天界，享受福報，受菩薩戒未來可以做菩薩，饒益自他。因此，不論是人生或者修行路上，我們都需要戒的指引，才不會迷失方向而誤入歧途。

第四、戒如巨筏引度迷津：生死如大海深淵，如果沒有船筏的引度，眾生要如何才能安度彼岸，不會被海浪給吞沒呢？《心地觀經》云：「渡生死河，戒為船筏。」能夠守戒不做惡而造善業，自然能安渡業海，到達清淨極樂的彼岸。

戒是善法的基礎，是身心依止處。《七佛通戒偈》云：「諸惡莫作，眾善奉行。」家庭成員守戒，家庭就會和樂幸福；全民百姓守戒，社會就會安寧富饒；人人守戒，世界就能和平大同。

戒，不但能使吾人遠離惡性，得大自在，更是我們轉凡為聖的要門。

第一、戒如甘霖解除乾旱。

第二、戒如叢林庇蔭依靠。

第三、戒如地圖指引方向。

第四、戒如巨筏引度迷津。

如何解脫生老病死

生老病死是每個人最大的無奈，所謂「如人飲水，冷暖自知」，沒有人可以代替，無人能幫助。既生之後，不可避免要面對老、病及死，不管高官巨富，還是販夫走卒，同樣要公平的接受。生死病死既是不可避免之事，如何不讓生老病死束縛，而且還能在生老病死裡逍遙自在，跳脫生老病死的框框，是人生最值得學習的本領。在此提出四點看法：

第一、生是前世的造作，要去改進：大部分的人對於自己的「生」，毫無選擇的餘地，時間、地點、家庭、父母，都是被動的。可是，依佛教義理說，每一個生命都是果報，正報（美醜、智愚等自身條件）和依報（環境、家庭、父母等外在條件）好不好，受自己前世的行為造作的影響。因此，「生」其實還是可以自己作主的。來生的品質就由今生的作為來改良。

第二、老是無常的定律，要去接受：老是自然現象，世間上那樣東西不在歲月裡老化？變異不停的老化就是無常的示現，無常是世間唯一的常態。要接受自己由耳聰目明的青壯少年，逐漸成為眼花耳背的佝僂老人，接受自己的容貌由鮮妍豐腴轉為雞皮鶴髮。體力隨著年齡漸增而衰弱沒關係，重要的是智慧、慈悲能隨著年齡漸增而長進。

第三、病是必然的現象，要去承擔：人吃五穀雜糧難免會生病，要勇敢承擔。祖師大德說：「修行常帶三分病」，有病才會發道心，有病就會更珍惜自己所擁有的好因緣，也會更加體會眾生的苦難。身體病了除了醫藥，也要自己留意起居；心理病了，更要發奮做自己的醫師，把心理重建起來。

第四、死是神識的流轉，要去面對：死亡不是沒有，是移民到另外的世界，所謂五趣流轉六道輪迴。我們看到親朋好友移民到國外，都會為他餞行；面對自己或親朋好友捨去這個已不堪用的色身，也不需悲傷，或許藉此能換個更好的色身，或移民到更好的世界去。滔滔江河水奔赴大海，再蒸發成氣、成雨，又下到這個地面來。人的生命也是如此流轉不停，又有何懼？

人的生命是永不停止的學習過程，只要能改進、接受、面對及承擔自己的生命，又何懼生老病死？

- 第一、生是前世的造作，要去改進。
- 第二、老是無常的定律，要去接受。
- 第三、病是必然的現象，要去承擔。
- 第四、死是神識的流轉，要去面對。

去除無明

無明是指內在貪瞋癡的精神作用，它會障蔽我們的清淨本性，讓我們對世間事物不明白，而產生種種分別、計較、不安的煩惱。《雜阿含經》說：「貪欲永盡，瞋恚永盡，愚癡永盡，一切煩惱永盡。」去除一分無明，就能除去一分煩惱，要如何去除無明呢？有五種方法：

第一、以喜捨對治貪欲的洪流：「貪」是對五欲、名聲、財物等等無有厭足的精神作用。有云：「世間癡人為貪欲所役，為貪欲所縛，用現世不得脫諸畏，後世亦不得脫，以是故諸苦為欲。」經典也以洪流來比喻貪欲，可見它的過患和危險。只有常懷喜捨之心、淡泊之心，才能知足常樂，才能解除貪欲執著之苦。

第二、以諒解息滅瞋恨的火種：經典有喻，瞋心如火，燒得眾生熱惱不已，身心無法安頓；諒解則是給予包容、空間，是一種同體慈悲。藺相如諒解廉頗的心情，一再退讓，感得對方息去怒火而「負荊請罪」；老和尚諒解禪堂小偷的慈悲用心，讓禪堂的住眾放下瞋恚，也感動當事者「回頭是岸」。把身心安住在諒解上，事情會有轉圜餘地，世界也會更寬廣。

第三、以智慧照破愚癡的暗夜：愚癡的煩惱，使得我們心中閉塞，闇愚迷惑，不能下一適當判斷，也無法明瞭真相。佛教以「燈」比喻智慧，所謂「千年闇室，一燈即明」，七里禪師以一句「他謝過了」，讓小偷開啟內在的燈光，不再偷竊；馬祖道一質問一句「為什麼不射你自己」，點撥獵人放下弓箭，不再殺生。內心多一分智慧，愚癡無明就少一分。

第四、以謙虛剷除我慢的高山：所謂「我慢山高，法水不入」，一個

江明賢繪

人心生驕慢，與無明相應時，傲視一切，卻看不到自己的缺點。拿破崙的字典裡沒有「難」字，卻無法征服慢心，滑鐵盧一役，終致大勢已去；項羽雖「力拔山兮氣蓋世」，剛愎自恃的結果，最後也只能慨唱「時不利兮騅不逝，騅不逝兮可奈何」。人在高位時，更應有謙虛胸懷。

第五、以信心撤離疑慮的屏障：《華嚴經》云：「信為道元功德母，長養一切諸善法。」信心是一種遠離懷疑之清淨心，能斷除疑慮的屏障。因為有信心，富樓那尊者不畏輸盧那國人民頑劣，發願弘法，教化眾生；因為有信心，玄奘大師「寧向西天一步死，不回東土一步生」，西行求法，為教為人。有了信心，就能不怕困難挫折；有了信心，就能走向光明大道。去一分無明，證一分菩提，這就是「轉煩惱為菩提」，去除無明的方法有這五點：

第一、以喜捨對治貪欲的洪流。

第二、以諒解熄滅瞋恨的火種。

第三、以智慧照破愚癡的暗夜。

第四、以謙虛剷除我慢的高山。

第五、以信心撤離疑慮的屏障。

生死的意義

人自出生後，就有生命，就會面對生死。其實，人也不是父母生養我們才有生命，在沒有出生以前，本來就有生命，只因隔陰之迷而忘記了，因此禪師一生參究「什麼是父母未生前的本來面目」，來找尋生死的答案。此外，也不是老病以後就死了，就算死了，也死不了，因為死的只是軀體，生命還是會流傳下去，如同薪火相傳，生命之火不曾熄滅。不過，生死的現象有很多種意義，說明如下：

第一、身體上的生死：我們這個身體，從出生到老、病、死，都在不斷的生死。生物學家說，人身上的細胞，在一周之內，都會全部更換，表示這身體所有的細胞都死了。舊的細胞死了，新的細胞再生，因此，這個

歐豪年繪

身體是不斷的生生死死，死死生生。

第二、苦難上的生死：人一出生，就是一種責任，在世間上，無論你擁有高官厚爵，或享有榮華富貴，從佛法來看，都是一種責任、一種苦難。所謂「愛不重，不生娑婆；念不切，不生淨土」，眾生由於業力，來到人間承受苦難的業報，再怎麼健康，會有衰老的時候；再怎樣富有，會有失去的一天；物質上再豐厚得意，內心不滿足，也不會感到幸福。因此，如何彌補人間的苦難，在面對苦難的生死，而覺得不苦不難，能安然處之，生活泰然，就能超越苦難的生死。

第三、思想上的生死：人生中，我們經常有不明白的時候，如果能夠把一個無明想通，把一個煩惱解決，把一個想法貫通，「我明白了」、「我想通了」、「我懂了」，這就是一種思想上的生死。因此，我們在思想上，也是不斷的生生死死。甚至古人說：「苟日新、日日新、又日新」，梁啟超先生的名言：「今日之我，不惜與昨日之我宣戰」，美國教育家杜威的「重新估定一切價值」等等，這些都是思想上生死的超越。

第四、悟道上的生死：覺悟是生命疑惑獲得解答，生死煩惱獲得解脫。在悟道裡，也有不同的層次。比方你對某一件事，不能只是「我知道了」，你還要對彼此的因緣關係都能了解。乃至你只是「知道」，也還不夠，對世間的關係，都懂了，都通徹了，才是究竟。就像禪門悟道，它是活水長流，每天有很多的小悟，集很多小悟、中悟，忽然有個恍然大悟，對於「生從何來，死將何去」都了然於心，再也無懼生死。這就是悟道層次上的生死。

以上這四種生死，可以讓我們明白生死的意義。

第一、身體上的生死。

第二、苦難上的生死。

第三、思想上的生死。

第四、悟道上的生死。

了生脫死

在佛教裡，你問許多佛教徒：「為什麼要信仰佛教？」很多人會回答：「要了生脫死。」問他：「為什麼要修行？」他也會說：「要了生脫死。」可是，你再問他：「什麼叫了生脫死？」、「你看過那一個人了生脫死了嗎？」、「了生脫死以後，你要到那裡去？」恐怕就很難有人回答得出來。其實了生脫死並不難，怎麼樣才是了生脫死呢？有以下四點意見：

第一、要生活滿足：不管富貴、貧窮、多少、得失、榮辱、高低，在生活上，遇到各種境界，我能認識，我能接受，我能處理，我能化解，我能感到很滿足，沒有生存的畏懼，沒有生存的煩惱，內心很安然、很喜樂，這就是「了生」。

第二、要死而無畏：面對死亡時，我不畏懼。我不怕以後是否會下地獄、會受什麼苦難，為什麼？因為我知道自己的行為。所謂「預知來世果，今生做者是」，我可以為自己的行為負責，知道現在怎麼做，未來會有什麼結果，只要我不做壞事，就不怕會有不好的情況，也不怕沒有不好的未來。所以面臨死亡無有恐怖，心中無畏，就是「脫死」了。

第三、要餘力助人：生死之外，人會有自己謀求生存的力量。當你還有餘力時，要做什麼呢？幫助別人、幫助世間、幫助社會。經云：「菩薩發心，自己未度，先度他人。」在有餘力幫助他人、成就對方的時候，你就是造福了別人，造福了人群，甚至造福了社會，也逐漸完成了自己。

第四、要德蔭他人：你有了「了生脫死」的修養，「了生脫死」的認知，你必定是一位有品德、有善念的人。假如你有德，事事想到「人外有人」、「此處之外，還有他方」，就要把自己的道德、智慧、事業，都能庇蔭他人、貢獻他人、利益他人，讓別人和我一樣，獲得解脫生死的喜悅。

「了生脫死」是人生的大問

周榮源繪

題，但是，要重新認識它的定義。

面對生命的本體、生死的相狀、生活的運用，可以把這「體、相、用」了解透澈，加以落實，那麼，現生就可以「了生脫死」了。

以上這四種方法，提供參考。

- 第一、要生活滿足。
- 第二、要死而無畏。
- 第三、要餘力助人。
- 第四、要德蔭他人。

國家圖書館出版品預行編目資料

身心的安住/星雲大師著—初版—台北市：香海文化，
2007・09　面；　公分(人間佛教叢書)(星雲法語：3)
ISBN 978-986-7384-72-0(精裝)
1.佛教說法
225.4　　96015515

人間佛教叢書
星 雲 法 語 ❸

身心的安住—廣學

作　　者／星雲大師
發 行 人／慈容法師（吳素真）
主　　編／蔡孟樺
圖片提供／李蕭錕、黃才松、歐豪年、佛光緣美術館
法語印章／陳俊光
資料提供／佛光山法堂書記室
編輯企劃／陳鴻麒(特約)、香海文化編輯部
責任編輯／高雲換
助理編輯／鄒芃葦
封面設計／釋妙謙
版型設計、美術編輯／蔣梅馨
校　　對／侯秋芳、宋欽銘、周翠玉

出版・發行／香海文化事業有限公司
地址／110台北市信義區松隆路327號9樓
電話／(02)2748-3302
傳真／(02)2760-5594
郵撥帳號／19110467　香海文化事業有限公司
http://www.gandha.com.tw　www.gandha-music.com
e-mail:gandha@ms34.hinet.net

總經銷／時報文化出版企業股份有限公司
地址／235 台北縣中和市連城路134巷16號
電話／(02)2306-6842
法律顧問／舒建中、毛英富
登記證／局版北市業字第1107號
ISBN／978-986-7384-78-2
十冊套書／定價3000元　單本定價／300元
2007年9月初版一刷　2009年1月初版二刷　2013年5月初版三刷